Bebius Philippus

## R.P. Philippi Bebii e Societate Jesu,

Chronologia brevis, ab orbe condito ad haec tempora, ex Bellarmino ac

Baronio potissimum in studiosae juventutis usum collecta, ac continuata

Bebius Philippus

**R.P. Philippi Bebii e Societate Jesu,**
*Chronologia brevis, ab orbe condito ad haec tempora, ex Bellarmino ac Baronio potissimum in studiosae juventutis usum collecta, ac continuata*

ISBN/EAN: 9783337373641

Printed in Europe, USA, Canada, Australia, Japan

Cover: Foto ©Lupo / pixelio.de

More available books at **www.hansebooks.com**

R. P. PHILIPPI

# BEBII

E

SOCIETATE JESU,

# CHRONOLOGIA

BREVIS,

AB ORBE CONDITO

ad hæc tempora,

Ex

*BELLARMINO* ac *BARONIO*

*potißimum in Studiosa Juventutis usum*

*collecta, ac continuata.*

COLONIÆ AGRIPPINÆ,

## AD LECTOREM BENEVOLUM MONITIO.

QUamvis tanta fententiarum, in Chronologia accuratius dirigenda diverfitas, ut de illa verè dici poffit : Quot capita, tot fententiæ, ( ut ex 4 Societatis noftræ Patribus, fcilicet P. Jacobo Salliano, P. Petavio, P. Henrico Samerio, P. Henrico Philippi, alijs interim omiffis, liquere poteft. ) tamen opera pretium vifum eft, ut unà cum Horatij Turfellini Chronico brevis aliqua Chronologia ederetur, ex qua adolefcentia noftri generalem quandam temporum, max·mè facrorum ) notitiam confequerentur. Duos itaque Cardinales, noftri faeculi facile doctiffimos fcilicet Bellarminum atque Baronium delegimus, ex quorum uno hiftoria veteris Teftamenti: ex altero ( faltem ultra annum milleffimum ) novi Teftamenti Chronologia h c adjungeretur. Et quanquam Turfellinus, alijque complures non ita ad amuffim, cum Bellarmino confentiant: tamen Hiftoricus nofter in annis collocandis ferè addit ( circa annum, vel circiter &c. ) quibus verbis facilè inducat fe ad nullum praecife annum, hocce opus fuum voluiffe adftringere. Atque in Baronio confectando facilè fuit ea, quæ in ipfo deerant, fupplere, ex D. Henrici Spondani Auctario. prout alij nonnulli, tam ex ipfa Societate, quàm ex alijs ordinibus, praeftiterunt Hic itaque, Lector benevole, utere, fruere, donec quid perfectius in hoc genere ab alijs elaboretur.

A 2

CHRO

# CHRONOLOGIA
## BELLARMINI,
### Ab Orbe condito ad Chriſtum.

| Anno Mūdi | Patriarchæ. | Vixit annis. | genuit anno ætatis. | Varia |
|---|---|---|---|---|
| I | Adam | 630 | 130 | |
| 130 | Seth | 912 | 105 | |
| 235 | Enos | 905 | 40 | Cain urbem |
| 325 | Cainan I. | 910 | 70 | primam |
| 395 | Malaleel | 895 | 65 | condit. |
| 460 | Jared | 890 | 162 | Artes |
| 622 | Enoch | 363 | 65 | inventæ. |
| 687 | Mathuſala | 969 | 187 | Mathuſalem |
| 874 | Lamech | 777 | 182 | moritur ante |
| 1056 | Noê | 950 | 500 | diluvium |
| 1556 | Sem. | 600 | 100 | |
| 1656 | Diluvium cœpit Anno ſexcenteſimo vitæ Noê, Semi autem anno centeſimo, duravitque anno I. ſumma præcedentium annorum ab initio mundi 1656. biennio poſt diluvium natus. | | | |
| 1658 | Arphaxad | 338 | 35 | Carnes |
| 1693 | Cainan II. | 568 | 30 | permiſſæ. |
| 1723 | Sale | 453 | 30 | Vinum |
| 1753 | Heber | 464 | 34 | inventum. |
| 1787 | Phaleg | 239 | 30 | |

NB. *De Cainan poſteriore* tres ſunt ſententiæ: Prima illum recipit propter S. Lucam & ſeptuaginta Interpretes, ac SS. Patres. *Vide Salianum.* Secunda rejicit, quia non habetur, nec in Hebræo, neque in editione Latina per Ecclesiam approbata. Tertia, diſtinguit, aitque eum fuiſſe patrem Salæ, non naturalem, ſed legalem. Itā Nicolaus Lyranus, Jacobus Nauclerus, & alij. Hæc ſententia faciļlima eſt, atque omnes difficultates vitat quas aliæ experiuntur.

Anno

| Anno Mūdi | Patriarch. | Vixit, | gen. | Monar, Assyr. | Varia |
|---|---|---|---|---|---|
| 1791 | - - | | | *a* Belus R. 65 | *a.* Gen. 20. |
| 1817 | Reu | 239 | 32 | | dicitur. |
| 1849 | Sarugh | 239 | 30 | | Nemrod, |
| 1856 | - - | - | - | *b* Ninus reg. | *b* Gen. 10 di- |
| 1879 | Nachor | 148 | 29 | 52. | citur Aſſur. |
| 1908 | Thare | 205 | 70 | Semiram. 42. | Idololatriæ |
| 1910 | - - | - | - | Zameis 30 | origo. Alij |
| 1958 | Abraham | 174 | 10 | | aliter ſenti- |
| 1988 | - - | - | - | Arius 30 | unt de ănis. |
| 2028 | - - | - | - | Analius 40 | Thare gig- |
| 2058 | - - | - | - | Xerxes Bala- | nentis Abra |
| 2078 | Iſaac | 180 | 60 | neus 30 | hamum, |
| 2088 | - - | - | - | Armamert 38 | Zoroaſter |
| 2126 | - - | - | - | Belochus 25 | magiæ in- |
| 2138 | Jacob | 147 | 91 | | ventor. |
| 2161 | - - | - | - | Baleus 52 | Jupiter R. |
| 2213 | - - | - | - | Alfadas 32 | Cretenſiũ : |
| 2229 | Joſeph | 110 | | | XII Patrar. |
| 2245 | - - | - | - | Mamitus 30 | Diluvium |
| 2275 | - - | - | - | Mancaleus 10 | Deucaleo- |
| 2305 | - - | - | - | Ipharius 20 | nis Como- |
| 2325 | - - | - | - | Mamylas 30 | ratio Iſraê- |
| 2255 | - - | - | - | Sparetus 40 | litarum in |
| 2395 | Moyſes | - | - | Alcades 40 | Ægypto. |
| 2401 | - - | - | | | Iſis venit in |
| 2455 | - - | - | | Amyntas 45 | Ægypt. |
| 2480 | Moſes dux pop. 2. 40. | | | Belothus 25 | Prometh. |
| 2483 | - | | | | & Atlas. |
| 2505 | Joſue dux, ann. 26 | | | Bellopates 30 | Cadmus lit. |
| 2523 | - | | | | Græc. inve- |
| 2523 | Interr. a. 10. | | | Lampripes 32 | nit. |
| 2535 | *Iudic. Iſrael.* | | | | Nicephor |
| 4549 | Othoniel 40. | | | | ab Aarone |
| | | | | | uſque ad |
| 2559 | | - | - | | Michabæ - |
| 2567 | - | - | | Soſares 20 | os numer. |
| 7587 | | - | - | Lambaros 30 | Po it. Jud. |
| 2599 | Aoth. ann. | | | | 31. |

| Anno Mũdi. | JUDICES Iudaorum, | | Monarch Assyr. | | Varia. |
|---|---|---|---|---|---|
| 2617 | | | Panias | 45 | Fabulæ Poë |
| 2662 | | | Solarmus | 19 | rarum. De |
| 2679 | Barach & Debbora | 40 | | | Jano, Baccho |
| 26 1 | | | Myrreus | 27 | Amphione, |
| 2708 | Gedeon an. | 40 | | | Lino, Perſeo, |
| 2740 | | | Tanreus | 40 | Pelope. |
| 2759 | Abimelech an. | 3 | | | |
| 2 62 | Thola an. | 23 | | | |
| 2780 | | | Thineus | 30 | |
| 2785 | Jair an. | 22 | | | |
| 2807 | Jephte | 6 | | | |
| 2710 | | | Dercillus | 40 | |
| 2813 | Abeſan | 7 | | | |
| 2820 | Aialon an. | 10 | | | Sub Ajalon, |
| 2830 | Abdon an | 3 | | | A M 1821. |
| 2838 | Sampſon an. | 20 | | | Troja everja |
| 2850 | | | Eupales | 38 | Æneas in |
| 2858 | Heli an. | 40 | | | Latio regnat. |
| 2878 | Samuel | 20 | | | In annis Heli |
| 2888 | | | Laoſtchenis | | includuntur |
| | REGES Hebraorum | | 40. ann. | | anni Samp- |
| 2898 | Saul | 20 | | | ſenis. |
| 2919 | David | 40 | | | NB. Anni |
| 2933 | | | Piriciades | 30 | Samuelis & |
| 2959 | Salomon | 40 | | | Saulis Act 13. |
| 2963 | | | Ophratteus | 20 | dicuntur |
| 2985 | DIVISIO REG. JUD | | Ophratanes | 50 | fuiſſe 40. |
| | Reg Iuda. | Reg Iſra. | | | tribuendo |
| 2999 | Roboã 17 | Gierob. | | | 20. pro quo- |
| 3016 | Abia 3 | 12 | | | libet. |
| 3019 | Aſa 41 | | | | |
| 3025 | | Nadab 2 | | | |
| 3023 | | Baala 24 | an. mund. 3058 | | |
| 3047 | | Hela 2 | Ocrazapes | 4 | |
| 3048 | | Hãbri 7d | | | |
| 3060 | Joſaphat | Amria 12 | A. M 3074. | | Monarchia |
| 3082 | 25 | Achab 22 | Sardanapalus | | Aſſyrior ſtetit |
| 3083 | Joram | Ochozi 2 | 20 | | anno 1330. |
| 3085 | Ochoz 1 | Joram 11 | | | à Medis de |

# REGES.

| Anno Mūdi | Iuda | Israel | Medorum, | Chaldæorum | Varia. |
|---|---|---|---|---|---|
| 3094 | · · | · · | Arbaces | | |
| 3097 | Joas 40 | | 28 | | 4. Reg. |
| 3118 | · · | Joachaz | | | 15. |
| 3122 | · · | 17. | Mandanes | | Chaldæi |
| 3115 | | Joas 16 | 50. | | regna- |
| 3137 | Amasias | | | | bant in |
| 3151 | 29. | Hiero- | | | Ninive, |
| 3163 | · · | boam | | Phul. 48. | etiam |
| 3166 | Azarias | 41 | | | Medis |
| | 2 cum pa- | | | | regnan- |
| | tre 12. | | | | tibus. |
| 3172 | · · | · · | Sarsome- | | Olym- |
| 3192 | · · | Zach, | nes 30 | | piades |
| | | 6. men. | | | incipiunt |
| | | Sellum | | | ann. 4. |
| | | 1. men. | | | Jona- |
| | | Manaen | | | than. |
| | | 10. ann. | | | Mundi |
| 3202 | · · | Phaceas | Artecar- | | 1209. vel |
| 3204 | · · | 2. ann. | mis 30 | | ann. 10. |
| 3207 | Joathan, | Phacce | | | Achaz. |
| 3211 | an. 16 | 10. | | Tegiath | mundi |
| 3222 | Achas 16 | | | phalasar | 1232. |
| 3224 | · · | Osce 9. | | 25 | quod o- |
| 3236 | · · | | · | Salmana | ritur ex |
| 3238 | Ezechias | | | sar an. 9. | initio |
| 3245 | 29. | | | Senna- | Cyriva- |
| 3252 | · · | | Arbianus. | cherib.7 | rio. Ann. |
| 3267 | Manasses | | seu Cardi- | Afar. 18. | 12. A- |
| | 55. | | ceas. | Reg Bab. | chazRo- |
| 3270 | · · | | Mero- | | ma con- |
| 3274 | · · | | Arteus 22 | dach Ba- | dita. Re- |
| 3310 | · · | | qui & De- | sadan 40 | ges 7. re- |
| 3322 | Ammon | | joces 53 | Ben.Me- | gnarunt |
| | 2. | | Atrines | rodach. | usque ad |
| 3324 | Josias 31 | | qui & | 21. | a. mundi |
| 3327 | | | Phraontas | | 3478. |

A 4

3331

# REGES.

| Anno Mūdi. | Iudæi. | Medorum | Babyloni. | Varia. |
|---|---|---|---|---|
| 3331 | – | – – | Nabolaf- | |
| 3349 | – | Arbaban. | far 29 | Bella fub regi- |
| 3355 | Joachaz 3 menf. | qui & Cyaxares | | busRom.gefta Draco leges |
| 3360 | Joaciñ. an. 11 | 40. | Nabucho | Athenis tradit. |
| 3366 | Joachim 3 Sedech an. 11 | | donofor Magñ. 45. | |
| 3377 | Captivitas | Aftyages 18. | Evilme- dach. a. 2. 5 | |
| 3389 | Jud. 70. ann. | Curus | Niriglif- | |
| 3403 | | Perfa 29 | foor an. 4 | |
| 3425 | | – – – | Laboro | |
| 3429 | | | Sordocus menf. 9. | 7. Sapientès Græciæ. |
| 3440 | | – – | Balthafar qui & Naboni- dus 17 | |
| | Duces Iudæa. | Monarch. | Perfarum | NB. Cyrus regnavit ali- |
| 3447 | Captivitas folvitur. | Curus cum Dario a 1. folus ann. 7 | | quot annis au- te everfam Ba- |
| 3448 | Zorobabel | | | bylonem, fed |
| 3455 | 32. | Cambyfes an. 7. m. 6. | | poftea fit Mo- |
| 3462 | – | Magus cum fratre, 6 | | narcha. |
| 3463 | – | Darius Hidafpes 36 | | Darius Medus |
| 3480 | Refa 46 | † | | apud Danie.6 |
| 3499 | – | Xerxes 2 | | eft Cyaxares, |
| 3520 | – | Artabanus m. 7. | | Aftyagis filius |
| 3521 | | Artaxerxes Longi- | | Cyr. Avuncul. |
| 3550 | Joannes 44 | manus ann. 40 | | † Miliriades |
| 3560 | – | Sogdianus menf. 7 | | contra Dariñ, |
| 3562 | – | Xerxe alius menf. 2 | | Themiftocles |
| 3570 | Judas 14 | Darus Nothus 19 | | contra Xerxé |
| | | Artaxerxes Mnemon 43. | | pugnant. |

3584

# D U C E S.

| Anno Mūdi. | Duces Iud. | Monarch.Per. | | Varia. | |
|---|---|---|---|---|---|
| | | | | an. mundi 3478. cœperunt Romæ esse Coss. | |
| 3584 | Joseph 7 | | | | |
| 3591 | Semei 11 | | | | |
| 3602 | Matathias 12 | | | | |
| 1614 | Meat 9 | | | | |
| 3623 | Nage 10 | | | | |
| 3624 | | Artaxerxes | | Plato Aristoteles, Socrates, Demosthenes. | |
| 3633 | Heli 8 | Ochus 23 | | | |
| 3'41 | Nahum 7 | | | | |
| 3647 | – | Arses 4 | | | |
| 3648 | Amos 14 | | | | |
| 3651 | – | Darius ultim. Persarū Rex 6 | | NB. Alexander regnavit annis 12. sed 5. an. Monarcha fuit. | |
| | | Monarc. Græc | | | |
| 3657 | – | Alexand.M 5. | | | |
| 3662 | Ma- | Reg. Maced. | Reg. Ægypt. | Reg Syr. | R. Asiæ |
| 3663 | that, | Philippus | Ptol. Log. | | |
| 3668 | 10. | Atridæus | 40. | .. | Anti- |
| 3670 | .. | Cassander 9 | | | gonus |
| 3672 | Jose- | | | | 18. |
| 3676 | phus, | | | Seleuc | |
| 3686 | 60. | | | Nica- | Demet |
| 3689 | .. | Antigonus | | nor 12. | trius 13 |
| | .. | & Alexan.4. | | | Deine. |
| 3693 | .. | Demetri 6. | | | trio |
| 4699 | .. | Pyrrh. m. 7. | | | capto |
| 3700 | .. | Lysimach. 5. | Ptol. Phila- | | manēt |
| 3703 | | | delphus 38. | | 3: reg. |
| 3705 | .. | Prolem. Ceraunus 1. | | | tantū inter |
| 3706 | .. | Meleager mens. 2. | | | succes sores |
| | | Antip. d. 25. Sostenes 2. | | Antio. | Alex- andri. |
| 3708 | .. | Antigonus 36. | | Soter 9. | |

| anno Mūdi | Duces Iud. | Reg Macedon. | Reg Ægypt | Reg Syria | Varia | Anno mūdi |
|---|---|---|---|---|---|---|
| 723 | | | | Antioch | a. 3725. | 3882 |
| 732 | Joan- | | | Tbeos 15 | Rom. | |
| 742 | nes | | Ptolem. | Seleueus | primum | 3883 |
| 744 | Hirca | Deme- | Evergetes | Callinic | Punicum | |
| | nus 17 | trius 1. | 26 | ann. 30. | bellum. | 3884 |
| 754 | Inter- | Antigo- | | | | 3894 |
| 762 | regnū | nus 15. | | Seleucus | | |
| 765 | apud | | | Ceraun 3 | | |
| 767 | Jud. | | Ptol. Phi- | Antioch | a. 3778. | |
| 769 | | Philipp- | lopater 17 | Magda, 9 | bellum | 3902 |
| 783 | | pus 42 | Ptol. Epi- | | secundū | 390 |
| 701 | | | phanes 24 | Seleucus | Punicum | |
| 806 | | | Ptol. Phi- | Philopa- | a. 3788. | |
| 811 | | Perseus | lometor 35 | ter an. 12. | bellum | 3919 |
| 813 | | 10. | | Antioch. | Macedo- | |
| | | | | Epiph. 11 | nicum. | |
| | Duces Iud. | Reg. Ægyp. | | Reg. Syria | 3321. fini- | |
| 832 | Matha- 1 | | | | tur, Vi- | |
| | tias | | | | ctor Per- | 3014 |
| 823 | JudasMa- | | | | seo regi ū | 3942 |
| 824 | chabæus 5 | | | Antiochus | Macedon | 34 3 |
| | | | | Eupator | deficit | |
| 826 | | | | Demetrius | an. 3836. | |
| 829 | Jonathas | | | Soter 12 | bellum | 39.4 |
| 838 | 19 | | | Alexander | tertium | |
| 840 | | | Ptolem. | ann. 10. | Punicum | |
| 848 | Simon 8 | | Evergetes | Demetrius 3 | contra | |
| 841 | | | 29 | Antiochus | novam | |
| 856 | Joannes | | | Demetrius 4 | Carthag- | |
| 8 0 | Hircanus | | | Sedetes 9 | nem atq; | |
| 862 | 16 | | | Antiochus | Numan- | |
| | | | | Griphus seu | tiam. | |
| | | | | Triphon 12 | 3882 | |
| 868 | | | Ptolemæ | | | |
| 876 | | | Ahyscon | Antiochus | | |
| | | | 17 | Cizicenus 18 | | |

# R E G E S.

| Anno mūdi | Iud. | Ægypti. | Syria. | Varia. |
|---|---|---|---|---|
| 3882 | * Aristobulus ann. 1. | | | *Hic Aristobulus I. post |
| 3883 | Lannæus Alexand. | | | Sedeciam olim à Baby- |
| 3884 | 27. | Ptol. Alexander 10. | | lonis captū, diadema sibi |
| 3894 | | Ptol. Physcon iterum 8 | Philippus ann. 2 | impoſuit. Ioſeph. 13. antiq. c. 18. |
| 3902 | | Ptol. Dionyſius 30 | | Regnum Syriæ definit |
| 3910 | Alexandra ann. 9 | | | Philippo per Gabinium |
| 3919 | Hircanus ann. 34 | | Imperatores Romani. | capto an 3919. Pompejus |
| | | Cleopatra 22. | | post mortem Alexandri |
| | | | Julius Cæsar. 4 anno | Judæos Tributarios fa- |
| 3014 | | | Interregnum 12 | cit, cõstitués |
| 3942 | | | gnum | Antipatrum |
| 3443 | Herodes Aſcalonita 37 | Regnum Ægypti definit. | Octaviꝰ. Augustus cũ triumviris 12 | Procuratorẽ & Hircanum Pontificem. |
| 3954 | | | Solus 44 Suet. | Jesus Christus naſcitur. |

APPEN-

QUoniam in Chronologia hactenùs tradita, quatuor Monarchiæ (Aſſyriorum, Medorum, Perſarum ac Græcorum) utcunque explicatæ ſunt, æquum videtur, ut de Republ. Romana, Athenienſi, Spartana (quæ ſæpiùs in Auctoribus explicandis occurrunt) nonnulla adjiciantur, quæ facem aliquam ad hiſtorias aliàs meliùs intelligendas præferre poſſe videantur.

## *De Romana Republica.*

Hæc Reſpublica habuit 6. gubernandi formas. Prima fuit per Reges ſeptem numero an. 244. Secunda per Conſules, qui diutiſſimè rexerunt (alijs tamen inſertis ſubinde magiſtratibus) uſque ad annum Chriſti 880. Tertia per Decemviros legum condendarum, quales fuerunt an. Urbis 302. 303. 304. Quarta per Tribunos militum cum conſulari poteſtate, ut A. urbis 315. & alijs pluribus. Quinta per Dictatorem & Magiſtratum equitum ſine Coſſ. ut A. Urbis 444. Sexta per Imperatores, ſub quibus tamen fuerunt etiam Conſules, tam Ordinarij (quales fuerunt ſæpè ipſi Imperatores) quàm extraordinarij; ſive ſuffecti, qui in locum ordinariorum ſuccedebant, & quidem aliquando uno anno complures. Unde facta eſt non parva in faſtis conſularibus perturbatio, ut oſtendit Hervartus in ſua nova Chronologia Nomina Regum 7. cum ſuis annis hæc fuerunt. I. Romulus 37. ann. interregnum 1. ann. II. Numa Pompilius 43. anno III. Tullius Hoſtilius 32. an. IV. Ancus Martius 24. ann. V. Tarquinius Priſcus 37. ann. VI. Servius Tullius 44. ann VII. Tarquinius Superbus 25. ann. Imperatorum duorum nomina (Cæſaris & Auguſti) jam poſita ſunt in priore parte hujus Chronolog æ, reliqua ſequuntur in ſequente parte ordine annorum.

In hac etiam Republica variæ fuerunt gubernandi formæ. Prima per Reges. Secunda per Archontes perpetuos. Tertia per Archontes decennales. Quarta per Archontes annuos. Quinta per democratiam, &c.

1. Reges 17. fuerunt. I. Cecrops 50. ann. II. Cranaus 9. ann. III. Amphyction 10. ann. IV. Birchthonius 50. ann. V. Pandion 40. ann. VI. Erectheus 50. ann. VII. Cecrops minor 40. ann. VIII Pandion minor 25. ann. IX. Ægeus 48. ann. X. Theseus 30. XI. Mnestheus 24. ann. XII. Demophoon 33. ann. XIII. Oxyotes 12. ann. XIV. Aphidas 1. ann. XV. Thymœtes occiso Aphidante regnum occupat 3. ann. XVI. Melanthus Messenius Thymœte seipsum abdicante, evectus in regnum 37. ann. XVII. Codrus 21. ann. Hic ex oraculo pro patriæ salute, in bello contra Dores in Peleponeso habitantes, gesto sese offerens, victoriam peperit. Post hunc regem videtur interregnum 62. ann. inferendum.

2. Archontes perpetui 13. fuêre. I. Medon Codri filius 20. ann. potestate regia imminuta, ut rationes redderent. II. Agastus 34. ann. III. Archippus 19. ann. IV. Thersippus 41. ann. V. Phorbas 31. ann. VI. Mecadas 36. ann. VII. Diogetus 28. ann. VIII. Pheredus 19. ann. IX. Ariphon 20. ann. X. Thespireus 27. ann. XI. Agamenastor 20 ann. XII. Æschylus 23. ann. ab anno 2. Æschyli Olympiades incipiunt. XIII. Alcmeon 2. ann.

3. Hoc mortuo, creati sunt Archontes Decennales per 70. ann. I. Charops 10. ann. II. Æsimedes 10. ann. III. Clidicus 10. ann. IV. Hippomenes 10. ann. V. Leocrates 10. ann. VI. Absander 10. ann. VII. Eryx ann. 10.

4. Archontes annui cœperunt post mortem Erycis anno 3. Olympiadis 24. quando Respubl. 9. hominibus commissa est, scilicet Regi, ob quædam sacrificia, Archonti, Polemarcho, & 6. Thesmothetis, permissumque, ut ab Archonte annuo, anni singuli numerarentur. I. Archon fuit Creon. II. Tlesias, &c. ac perdurant usque ad Olympiad. 132. leges Atheniensibus scripsit Draco ann. 4. Olympiad. 39. Solon legibus Draconis, præterquam de cæde abrogatis, novas tulit anno 3. Olympiad. 46.

Lacædemoniorum tempora valde mutila funt, tamen propter vetuſt item, quædam addenda, quæ hinc inde ex varijs Scriptoribus collecta funt, vide Godanum, Sigonium, Reinnecc um. Reges Spar æ duplices fuerunt, 1. Singuli ex una tantùm familia. 2 bini ex duabus familiis. Priores 11. fuerunt, 1 Eurotas. 2. Lacedæmon cum Spatta uxore, à quorum utroque Civitas nomen accep 2. 3 Amyclus, 4. Argalus 5. Cynottas. 6. Othalus. 7 Hippocoon. 9. Tyndareus. 6. Caſtor & Pollux. 10. Menelaus, propter Helenam Tyndarei filiam. 11. Oreſtes filius Agamemnon s F. annis 12. Thiſmenes Heraclid s (1 poſterioris Herculis) in Peloponnefum (unde ab Euryftheo Rege pulſi fuerant) redeuntibus Crefpontes Mefeniorum. 2. Temenus Argivorum. 3. Filij Ariſtodemi duo regum Spartanorum se; Lacedæmoniorum.

## *Reges poſteriores ex duplici familia Heraclidarum*

| | | |
|---|---|---|
| 12 Euryſthenes | 41. ann. | Procles à quo poſteri dicti |
| 13 Agis à quo poſteri Agidæ | | Proclidæ. |
| 50. ann. | | Sous Proclis fil. |
| 14 Eucheſtratus Agi F. 35. ann. | | Eurypon, à quo Eurypontidæ |
| 15 Leobotes Euch. F. 37. ann. | | Prytanis Euryp. F. |
| 16 Doryſius Leob. F. 29. ann. | | Eunomus Pryran. F. |
| 17 Ageſilaus Doryſ. F. 44. ann. | | Polydectes Eunom. F. |

## *Sub Ageſilao Lycurgus Charilai tutor leges ſcripſit Spartanis.*

| | | |
|---|---|---|
| 18 Archelaus Ageſil. F. 40. an. | | Carilu Polyd. F. 44. ann. |
| 19 Teleclus Archel. F. 40. an. | | Nicader Charil F. 29. ann. |
| 20 Alcamenes Telecl. F. 37. an. | | Theopompus Nicand. F. |

| | |
|---|---|
| 21 Polidorus Alcam F. | Zeuxidamus Theopomp. F. |
| 22 Eurycrates Polydor F. | Anaxidamus Zeuxid. F. |
| 23 Anaxander Euryer F. | Anaxidamus Anaxid. F. |
| 24 Eurycrates 2. Anax F. | Agasicles Archid. F. |
| 25 Leon. Euryc. F. | Ariston Agasiclis F. |
| 26 Anaxandrides Leontis F. | Damaratus Arist. F. |
| 27 Cleomenes Anax. F. | |

*Hi Reges Athenas tyrannide liberarunt , occiso*
*Hippia Pisistrati filio.*

| | |
|---|---|
| 28 Leonidas Anaxand. F. Hic Leonidas cum alijs in bello contra Xerxen ad Thermophylas occubuit. | Leothychides Menatis F. Hic pulso Damarato regnat, cùm esset ex Eurypontidis. |
| 29 Plistarchus Leonidæ F. | Archidamus Leothych. N. 42. |
| 30 Plistonax Plistar. F. 68. a. | |
| 31 Pausanias Pliston. F. 14 a. | Agis Archidami F.    41. ann. |
| 32 Agesipolis Pausan. F. 14. an. | Agesilaus Archid. F. 41. Vir maximus. |
| 33 Cleombrotus Pausan F. 9. ann. | Archidamus Agesil. F. 23. ann. |
| 34 Pgesipolis Cleombr. F. 1. ann. | Agis Archidam. F. 9. an. |
| 35 Cleomenes Cleombr. F. 61. ann. | Eudamidas Archidam F. |
| 36 Areus Acrotati F. Cleom. N. 44. ann. | Archidamus Eudamidæ F. |
| 37 Acrotatus Arei F. | Eudamidas Archidamæ F. |
| 38 Areus Acrotati F. | Agis Eudamid. F. |
| 39 Leonidas Cleonym. Fil. Cleom. N. | Eurydamidas Agias F. |
| 40 Cleomenes  -  - | Epiclidas Leonidæ F. Cleonym. N. |

Hi duo Reges poftremi novo exemplo ex eadem familia fuerunt, eò quòd Cleomenes Eurydamidam Regem veneno fuftu-
liffet, amorifque Ephoris ac bonorum æqualitate (juxta vete-
rem Spartanæ Reipublicæ confuetudinem) induéta, Rempu-
blicam inftituiffet. Sed cum bellum contra Achæos moviffent,
Epiclidas in pugna cecidit, Cleominefque in Ægyptum fugiens,
ibi necatus, ac Sparta ab Achæis expugnata eft, Lacedæ-
moniique Regibus liberati funt, paucis annis ante
Hannibalis in Italiam adventum. *Ita Sigonius*
*tradit.*

| Anni Christi | PONTIFICES | IMPERATORES | Varia. |
|---|---|---|---|
| 1 | | Octavius Augu- | Varus in Ger- |
| 17 | Jesus Christ. 33 | stus 56. | mania cæsus. |
| 34 | ann. mens. 3. | Tiberius an. 22. | Germanicus rem |
| 39 | †S. Pet. Antioc. | m. 6 | præclarè in Ger- |
| 43 | 7. Romæ 25. in | Cajus Caligula a.3 | mania gerit. |
| 57 | varijs peregrin | Claud. a.18, m.8. | Hierusalem post |
| 69 | 15. m. 3, dies 5. | Nero a.13, m.7. | gravem obsidio- |
| | †S. Linus an. 11. | Galba m. 7. d. 5. | nem eversa a. 97. |
| | partim suo S. | Otho m. 3. Vite- | Colonia fidem |
| 72 | Petro actis. | lius m. 8. | suscipit per |
| | | Fl. Vespasianus | S. Maternum. |
| 81 | | a. 9, m. 5. | |
| 83 | †S. Cletus an. | Titus V. an 2, m.2 | |
| 93 | 12. m. 7. d. 2. | Domitianus a. 15. | |
| 99 | † S. Clemens | dies 5. | |
| 100 | an.9, m.6. d.6. | Coccei Nerva 1. m 4 | |
| 103 | † S. Anacletus | Trajanus an. 19. | S. Clemens |
| | a.9, m.5, d.10. | m. 6. d. 15. | Papa, S. Igna- |
| 112 | †S. Evaristus | | tius , & alij sub |
| 120 | a 9, m.3. | | Trajano cæsi. |
| 121 | †S. Alexander I | Hadrianus a. 20. | Judæos rebel- |
| | a.10, m.5, d.20 | mens. 11. | lantes in Palæsti- |
| 132 | †S. Sixtus I. | | na obterit. |
| 140 | a. 9. m. 11. d. 22. | | *Apologia.* |
| 142 | †S. Telesphor. | Antonius Pius | S. Justini, Qua- |
| | a.11, m.9. | a.22. m.7. d.26. | drati, Aristidis, |
| 154 | † Hyginus a. 4 | | Athenageræ. |
| 158 | *S. Pius I. a.9. | | |
| 163 | mens. 6. | | |
| 167 | * S. Anicetus | M. Aurelius, & L. | |
| | a.8, m.9. | Verus an. 19, d. 10 | |

B

| Anni Chri. | PONTIFICES | IMPERATORES | Varia | Anni Christi |
|---|---|---|---|---|
| 173 | *Soter, an. 4. | | | 160 |
| 179 | *S Eleutherius | | | 161 |
| 182 | an.15,d.23. | Commodus M. | S. Irenæus. | 163 |
| 194 | *S Victor I.a.9 m.1,d.28. | Anton.Fil.an.12. m 9,d.13. | Tertullianus Afer Clemens Alexandrinus. | 169 171 172 |
| | | Ælius Pertinax menſ. 3. Didius Jul. m 2, | | |
| 195 | | | | 275 278 |
| | | Sept. Sever.a.17 m.8.d.3. | | 279 281 |
| 200 | †S.Zephyrinus | | | 283 |
| 203 | an.18,d.18. | Antoni Caracalla a.6 m.2, d.5. | | |
| 213 | | Opelius Maerin. cum Diadum F. | Origenes | 284 |
| 219 | | an.1,m.2.d.18. | | 297 |
| 220 | | M Antoninus Heliogabalus an. | | 300 304 |
| 221 | †S.Calixtus a.5 m.d.1. | 3; m.9,d.14. Alexander Severus | | 306 |
| 224 | †S.Urbanus I. a.6,m.7,d.4. | an.13,d.9. | an.237. S.Ursula occiditur cum ſuis Colonix. | 309 |
| 226 | †S.Pontian.a.5 | | | 311 |
| 235 | †S.Anterus m.1 | Jul.Maximus a.3. | | |
| 237 | †S Fabianus | Maximus & Balbinus an.1. | | 333 |
| 238 | a.15,d.4. | | S Cyprianus. | |
| 240 | | Gordianus an.5. | | 336 |
| 241 | | Philippus cum F. an.6. | | |
| 246 | | Decius cum fil. an.1,m.3. | | |
| 253 | †S.Cornel.a.2 | Gallus cum Volu- | | 337 |
| 254 | †S.Lucius I.a.1 meſ 8. | ſiano a.2,m.4. | | |
| 255 | | | | |
| 257 | †S.Stephan.I. a 5,m.3,d.12. | Valerianus cum Galliene an.8. | | 355 |
| | | | | 160 |

| Anni Christi | PONTIFICES | IMPERATORES | Varia. |
|---|---|---|---|
| 260 | †S Sixtus II. a.1 | | |
| 261 | † Dionyſius I. | | |
| 263 | a.11,m.3,d.14. | Galienus ſolus a.7 | |
| 269 | | Claudius an. 3. | |
| 271 | | Aurelianus an. 6 | S. Victorinus |
| 272 | † Felix I. an. 2. m. 5. | | Pictavienſis. |
| 275 | †S. Eutichianus | | |
| 278 | a. 8, m. 6, d. 4. | Cl. Tacitus m. 6, Flor. anus m. 1, Probus an: 5, | |
| 279 | | | |
| 282 | † S. Cajus an. 2, m.4, d.5. | | |
| 283 | | | |
| | | Catus cum filijs Carino & Nume- | S. Methodius |
| 284 | | tiano a. 2. | Epiſcopus & |
| 297 | †S. Marcellinus an. 8 | Diocletianus cum Maximiano an.10 | Mart. |
| 300 | | | |
| 304 | †S. Marcellus I a.4, m.1, d.25. | Conſtantius & Galerius an. 3. | Arnobius. |
| 306 | | Conſtantinus M. | Lactantius. |
| 309 | S. Euſebius a. 2, m.7, d. 21. | an. 31. | S. Athanaſius Euſebius, |
| 311 | † S. Melchiades an.1, m.1, d.7. | | Concilium Nicenum |
| 333 | S. Sylveſter an. 21, menſ. 11. | | 318. PP. S. Hilarius. |
| 336 | Marcus m. 8, Julius I. a. 15. m. 5. d. 17. | | S Ephrem. S. Baſilius. S. Greg. Nazian. S. Greg. Nyſſen. |
| | | ⌜ Conſtantinus II an. 4. ⌜ Conſtans an. 13. Conſtantius II. ⌞ an. 25. | S: Philaſtrius, S. Pacianus Optatus Milevitanus. |
| 337 | | | |
| 355 | Liberius ante & poſt Felic. a.15 | | |

| Anni Christi | PONTIFICES | IMPERATORES | Varia. | Anni Christi |
|---|---|---|---|---|
| 558 | †S.Felix II. a.r m.3.in absentia Liberij, qui post redit. | | S.Ambrosius. S. Hieronymus. S. Augustinus. S. Paulinus. | |
| 361 | | Julian. apostata an. 1.m.1.d.9. | Theophylactus. Alexandrinus. | 457 461. |
| 363 | | Jovianus m. 7. d. 20. | S. Epiphanius. S. Joannes | 467 474 |
| 364 | | Valentinianus an. 12. Valens an. 15. | Chrysostomus. | 483 |
| 375 | S. Damasus an. 17. m.3. | | | 491 494 |
| 376 | | Gratianus a. 6. Valentinianus II an.17. | | 496 498 |
| 379 | S Siricius an. 13 m.1.d.14. | Theodosius M. an.16,d.1. | | 500 |
| 385 | | Arcadius a.13. m.3, d.15. | | 514 |
| 397 | | Honorius an. 28. m.5. | | 512 |
| 398 | S. Anastasius I. a.4. m.1.d.13. | | | 533 |
| 401 | | | | 536 |
| 402 | S. Innocent. I. an.15.m.1.d.10. | | | 527 |
| 408 | | Theodosius II. | S.Cyrillus | 530 |
| 417 | S. Zosimus a. I. m. 4.d.7. | an. 41. m 3. cum Honor. 17. cum | Alexandrinus. S. Isidorus | 531 533 |
| 419 | S.Bonifacius I. a.4.m.10. | Valen. 25. | Pelusiota. S. Theodoretus | 534 |
| 423 | S.Caelestinus a.8.m.5.d.3. | | Cyri Episcop. Concil. Ephesi- | 540 553 |
| 425 | | Valentinianus III | num 300. PP. | |
| 432 | S. Sixtus III. a.7. m.11. | an. 29.m.5,d.23. | contra Nesto- | 559 |
| 440 | S. Leo M. a.10, m. 11. | | rum sub Caelest. Concil. Chal- | 565 573 |
| 450 | | Marcianus an. 6, m. 6. | cedonense. | 577 579 |

| Anni Christi | PONTIFICES | IMPERATORES | Varia. |
|---|---|---|---|
| | | ⌠Leo I. a. 17, m. 6. | S. Petrus Chry- |
| | | ⎮Majoranus cum | fologus |
| 457 | | ⎮eo an. 4, Anthe- | Maximus |
| 461 | S. Hilarius a. 5. | ⎨mius an. 5, Oly- | S. Taurinenfis. |
| | m. 9. | ⎮brius m. 7, Gly- | S. Profper |
| 467 | S. Simplicius | ⎮cerius an. 1. | Socrates, Sozo- |
| 474 | a. 15. m. 5. d. 10. | Zeno an. 17. m. 6. | menus hiftor. |
| 483 | S. Felix III. | cum eo Nepos a. 1. | S. Eucherius |
| | alijs II. a. 9. | Auguftulus I. | Lugdunenfis, S. |
| 491 | | Anaftafius I. a. 17. | Victor Uticenfis |
| 492 | S. Gelafius I. | m. 3 d. 29, cum eo | S. Alcimus Avi- |
| | a. 2, m. 8, d. 11. | Odoacer Rex a. 17 | tus Viennenfis, |
| 496 | Anaftafius II. | | S. Fulgentius |
| 498 | a. 2, S. Symma- | | Epifcopus |
| | chus a. 15, m. 8. | | Rufponfis. |
| 500 | | | |
| 514 | S. Hormifda | | |
| 512 | a. 2, d. 10. | Juftinus I. an. 9, | S. Boethius |
| 533 | † S. Joan. 1, an. | menf. 9. | Martyr. |
| | 2, m. 9, d. 14. | | Dionyfius Exi- |
| 526 | S. Felix IV. al. | | guus Abbas, |
| 527 | 111. a. 4, m. 2, d. | Juftinianus I. | Caffiodorus |
| 530 | 18, Bonifac. II. | a. 58. m. 5. d. 13. | Senator, |
| | an. 11, m. 2. | | Gildas Sapiens, |
| 531 | S. Joan II. a. 3. | | Procopius |
| 535 | S. Agapet. a. 2. | | Hiftoricus, |
| 536 | * S. Silver. a. 4. | | Marcellinus |
| 540 | Vigilius a. 16. | | Comes, Arator |
| 553 | S. Pelagius I. | | Subdiac. Poëta |
| | a. 4, m. 10, d. 18. | | Andreas Cre- |
| 559 | Joannes III. | | tenfis Epifcop. |
| 565 | a. 13. | Juftinus II. a. 13. | Concil. Con- |
| 573 | Benedict. I. a. 5. | m. 9. | ftant II. |
| 577 | S. Pelagius II. | | S. Anaftafius |
| 579 | an. 12. | Tiberius II. a. 8, | Sinaita. |
| | | m. 8. | |

| Anni Christi | PONTIFICES | IMPERATORES | Variæ |
|---|---|---|---|
| 586 | | Mauritius an. 21, | Venantius, |
| 590 | S. Gregorius Magnus a. 14. | menf. 3; | Fortunatus, S. Joannes Climacus. |
| 600 | | | |
| 602 | | Phocas an. 8. | |
| 604 | Sabianus m. 5. d. 9. | | S. Eulogius, |
| 606 | Bonifacius 3. m. 8, d. 23. | 𝄢 | S. Sophronius |
| 607 | Bonifacius 4. a. 6, m. 6, d. 13. | Heraclius an. 3, | Hierofolym. Epifc. |
| 610 | | | |
| 614 | S. Deufdedit a. 3 | | S. Ifidorus |
| 617 | Bonifacius 5. a. 7. m 13. d. 25. | | Hifpalenfis. |
| 626 | Honorius 1, a. 12. m. 5. | | |
| 628 | Severinus m. 11 Bonifacius 6; m. 4. | | |
| 640 | Joannes 4, a. 1. m. 4, d. 18. | | Petrus Laodicenfis. |
| 641 | Theodorus 1, a. 7, m. 5, d. 20. | Conftantinus III. m. 4. Conftans II. an. 26. m. 8. | S. Maximus Abb. & Mart. |
| 649 | S. Martinus 1, a. 5, m. 5, d. 12. | | S. Eligius Noviomenfis. |
| 654 | Eugenius 1, m. 6, d. 23. | | S. Hildefonfus Tolet. |
| 655 | S. Vitalianus a. 13, m. 5 | | S. Damianus |
| 668 | | Conftantinus IV. | Ticinenfis. |
| 670 | Adeodatus a. 7, m. 2, d. 17, | Pogonatos a. 16, menfe 10, | Concil. Conftantinopol. 3. contra Monothelitas. |
| 672 | Donus vel Domnus 1, vel Domnio a. 1, m. d. 10, | | S. Julianus Toletanus. |
| 678 | | | |
| 683 | S Agatho a. 4, S. Leo 2, m. 10, | | |
| 684 | d 2. S. Benedi... | | |

| Anni Chrifti | PONTIFICES | IMPERATORES | Varia. |
|---|---|---|---|
| 685 | Joannes 5, a. 1, d. 11. | Juftinianus 2, a. 10 menf. 5, | S. Alhelmus Sihirburg. |
| 686 | Canon. vel Cunom 11, d. 15, | | |
| 687 | S. Sergius I, a. 13 | | |
| 694 | m. 8, d. 14. | Leontinus five Leo 2, an. 3, | Apohito. |
| 696 | | Tiberius 3, Abfimarus an. 5. | S Adamannus. |
| 700 | Joannes 6, a. 3, in. 2, d. 13. | | |
| 702 | | Juftinianus 2, | S. Marcellinus |
| 703 | Joannes 7, a. 2, | iterum an. 8. | resbyter, |
| 705 | m. 7, d. 17. | | Venerabilis |
| 7.8 | ⎰ Siſinius d. 24 ⎱ Conftantinus ⎰ 2.6, m. 1, d. 1, | | Beda, |
| 711 | | Philippicus Bardanes an. 1, m. 6. | |
| 713 | | Anaftafius 2, | |
| 714 | Gregorius 2, | an. 2, | |
| 715 | a. 16, m. 8, d. re. | Theodofius 3, an. 1, | Jonas Fontanel- |
| 716 | | Leo 3, Ifauricus Iconomachus an. 14, m. 2, d. 10. | lenfis, s. Germanus Patr. Conftant. |
| 741 | S. Zacharias 1, a. 10, m. 3, d. 10, Stephanus 2. ⎰ d. 4, | Conftantinus V. Copronymus 2. 14 m. 2, d. 26. | S. Bonifacius Mogunt. Archiepifc. & Mart. |
| 952 | ⎰ Stephanus 3, ⎱ dictus 2, a. 5, ⎰ d. 21. | | S Joannes Damafcenus. |
| 757 | Paulus I, a. 10, menf. 1, | | S. Wiballdus Epifcopus. |
| 758 | Stephanus 4, dictus 3, an. 3, m. 5, d. 28. | B 4 | 771 |

| PONTIFICES | IMPERATORES | Varia. |
|---|---|---|
| Adrianus I. a. 3. in. 10, d. 17. | Leo IV. Copronymi fil. an. 5. | S. Ludgerus Concilium Nicænum 2. contra Iconoclastas V. Albinus Flaccius Usuardus. |
| Leo III. a. 20, m. 5, d. 17. | Constantinus XI. & Irene mater, an. 10. Irenes sola, an. 5. | Paulus Diacon. |

| PONTIFICES | IMPERATORES | | Varia. |
|---|---|---|---|
| | Occidentis. | Orientis. | Eginhardus. |
| | Carolus Mag. a. 13. m. 1, d. 2. | | Theophanes hist. Simeon Metaphr. Amalarius |
| | | Niceph. I. an. 10 | Trevirensis, |
| | | Michael I. Curopalata a. 1. m. 9. | Haymo Halberst. Rabanus Mogunt. Strabus |
| Stephanus V. dict. IV. m. 7, d. 1. | Ludovic. I. Pius an. 26. m. 4. d. 24. | Leo V. Armen. a 7, m. 5. | Fuldens. Walfridus Strabo, Wandelbert. |
| Paschalis I. an. 7, m. 3, d. 6. Eugenius 2, an. 3. m. 23. Valentinus m. 1, d. 10. Gregorius IV. an. 16. | | Michael 2. Balb. a. 8. m. 9 d. 7. Theoph a. 12 m. 3, d. 20. Michael | Prumiens. Jonas Aurelianensis. Lupus Ferratiensis. Angelomus Anastasius Biblioth. |
| Sergius 2, an. 3, m. 1. | Lotharius a. 15, m. 3. d. 10. | 3. cū matre, a. 1. m. 8. solus a. 9. | |

147

| Anni Chri. | PONTIFICES | IMPERATORES Occidentis. | Orientis. | Varia. |
|---|---|---|---|---|
| 847 | S Leo IV. an. 2 m. 3, d. 5. | | | Hincmarus Rhemenfis |
| 855 | Benedictus III. a. 8, m. 6. d. 10. | | | Photius. |
| 858 | Nicolaus I. an. 9, m. 6, d. 11. | | | Concilium Conſtanti- nopol. IV. |
| 867 | Adrianus II. a. 4, m. 10. d. 17. | | Baſilius I. Macedo. an. 18, m. 10, d. 7. | contra Phorium. S. Ado Viennenſ. |
| 872 | Jeannes VII. an. 10. d. 1. | | | |
| 875 | | Carolus II. Calvus an. 2, m. 2. | | |
| 877 | | Ludovicus 3, Balbus an. 1, m. 6. | | |
| 879 | | Carolus 3, Craſſus a. 8, m. 7. | | |
| 883 | Martinus I. al. Martinus 2. an. 2, d. 20. | | | |
| 884 | Adrianus 3. an. 1, m. 3, d. 29. | | | |
| 885 | Stephanus IV. dictus V. an. 6. d. 9. | | | Falco Rhe- menſ. |
| 886 | | | Leo VI. | |
| 888 | Fermoſus an. 5, m. 7. | Arnulphus an. 12. | Philoſo- phus a. 25, m. 6. | Regino Prumienſ. Abbas. |
| 891 | | | | |
| 897 | Stephanus 7. dict. 6, an. 4. | | | |

| *Anni Christi* | PONTIFICES | IMPERATORES *Occidentis* | *Orientis* | *Varia* |
|---|---|---|---|---|
| 901 | Theodorus 2 d 10. Joannes 9, a. 3. d. 15. | | | |
| 905 | Benedictus 4, a. 3, m. 6. d. 10, | | | |
| | Leo 5, d. 40. Christophorus 1. m. 7. | | | |
| 907 | Sergius 3, an. 3. | | | |
| 910 | Anastasius 3, an. 2, m. 2. | | | |
| 911 | | | Alexander a. 1, m 1. | Aretas Cæsariens. |
| 912 | Lando d. 26, Joannes x. an. 16. | Conrad. 1 a. 7, m. 6. | Constanti nus 8, a. 49 cum Ro- | Archiepisc. Radulph. Floriacens. |
| 919 | | Henricus | mano 1. | |
| 923 | Leo 6. m.6, d.15 | 1, Auceps, a. 17. | a. 24, m. 10, | |
| 929 | Stephanus 8, dictus 7. an. 2, m. 1, d. 11, Joannes XI. | | | |
| 931 | a. 4, m. 10. | | | Joannes Abb. Ra- therius Episc. |
| 936 | Leo 8, a. 3, m. 6, | Otto 2, M. an. 6, | | |
| 940 | Stephanus 9, dictus 8, an. 3. mens. 4. | m. 10, d. 6 | | |
| 943 | Martinus 2, al Martinus 3, a. 3, m. 3, d. 13. Agapitus 2, a. 9. m. 7. d. 10, | | | |

| Anni Christi | PONTIFICES | IMPERATORES | | Varia. |
|---|---|---|---|---|
| | | Occidentis | Orientis. | |
| 956 | Joannes 12, an 9. | | | Windechindus Corbelensis. |
| 960 | | | Romanus II. an. 2. | |
| 963 | | | Nicephor. | Luitbrandus Ticinensis. |
| 964 | Leo 8, an. 1 | | II. Phocas | |
| 965 | Benedictus V. an. 1. d. 10. | | 21. 7. | Frodoardus Rhenensis. |
| 966 | Joannes 13. u. 6, | | | |
| 969 | m. 11, d. 5. | | Joannes Zemisces ann. 6. | Herigetus Abbas, |
| 972 | ⎧ Donus vel Domnus 1, sive Demnio mens. 3. ⎨ | | | Abbo Floriacen. Berno Augien. |
| | ⎧ Benedictus 6 a. 1, m. 4, ⎨ | Otto III. a. 17. m. 1 d. 17. | Basilius II. an. 49, m. 4 & Constantinus 8. an. 50, & 3. solus. | Rosuita Monialis. S. Odilo Cluniacen. Armonius Monach. |
| 975 | Benedictus 7, | | | |
| 985 | 2. 9, m. 10. | | | |
| 984 | Joannes XIV. ann. 1. | | | |
| 985 | Joannes XV. a. 10, m. 4, d. 12. Joannes XVI. intrusus. | | | |
| 996 | Gregorius V. a. 2, m. 8, d. 6. | | | |
| 999 | Sylvester 2. a. 4, m. 6, d. 12. | | | |
| 1000 | | S. Henric. 2. alijs 1. | | Radulphus Ardens. |
| 1002 | ⎧ Joannes XVII dict. XIIX. mens 5. ⎨ | Claudius an. 23. m. 5 d. 21. | | Fulbertus Camotenf. |
| 1003 | ⎧ Joan. XVIII dict. XIX. an. 6. ⎨ | | | Burchard. Wormat. Dretmarus |
| 1009 | Sergius IV. a. 2, mens. 8. | | | Hersburgensis. |

| Anni Christi | PONTIFICES | IMPERATORES | | Varia, |
|---|---|---|---|---|
| | | Occidentis. | Orientis. | |
| 1013 | Benedict. IIX. dict. IX. an. 2. | | | Bruno Herbipol. |
| 1024 | Joannes XIX. dict. xx. an 9, | Conradus | | Hermānus contractus |
| 1029 | mens. 8. | II. a. 14, m. | Roman: 3 | Maginfredus Fuld. |
| 1033 | Benedict. IX. dict. x, an. II. | 10, d. 21, | Argyrus a. 5, m. 6, | dus Fuld. Glaber |
| 1034 | | | Michael IV, Paphla go a. 7, m8 | Cluniac. Humbert. Cardinal. |
| 1039 | | Henricus III. al. II. | | S. Lanfrancus Can- |
| 1041 | | Niger an. 17, mens. 4 | Michael v, Cala- | tuariensis. Adelman- |
| 1042 | | d. 22, | phates a. 1 | nus Brixi- ensis Episc. |
| 1044 | Gregorius VI. an. 3, | | Constant: IX, Mono- | Durandus |
| 1047 | Clemens II. mens. 9, | | mach. a. 13 | Leod. Epis. |
| 1048 | Damasus II. d. 23, | | | Osbertus Anglus |
| 1049 | S. Leo IX. an. 5, m. 2, d. 8, | | | Monachus Oecume- nius. |
| 1054 | | | Theodor. | S. Petrus |
| 1055 | Victor II, an. 2 m. 3, d. 13, | | Augusta an. 1, m. 9, | Damianus. Theophyl. |
| 1056 | | Henricus IV, al. III, | Michael VI, Strat. | Bulgariæ Archiepis. |
| 1057 | | a. 49, m. 10 d. 3, | a. 1, Isaaci- us I, Com | S. Anselm. Lucensis. |
| 1058 | Stephanus x. dict. 9, m. 8, | | nenus a. 2 m. 3, | S. Ivo Car- not. Lam. |
| 1059 | Nicolaus II. an. 2, m. 6. | | Constant: X, Ducas | Scaff 1ab. Ado Ti e- |
| 1061 | Alexander II. a. 11, m. 5, d. 22 | | an. 7, m. 6, | virensi. |

| Anni Chrifti | PONTIFICES | IMPERATORES | | Variæ |
|---|---|---|---|---|
| | | Occidentis. | Orientis. | |
| 1067 | | | Eudoxia cum 4, filijs m.d.9 Roman. | Adam Bremenf. Can. Marianus Scotus Ful. |
| 1068 | | | | |
| 1071 | | | Diogenes a. 3, m.9, | Dodechinus Abbas |
| | | | Michael 7, Ducas dictusPa- | S. Difybodi S. Brun. Carthuf. |
| 1073 | S. Gregorius VII, an. 11, m. 3, d. 3, | | rapinaceus an. 6, | Euthymius S. Anfelm. Carthuf. |
| 1078 | | | Nicephorius 3. Botoniates an. 3, | Leo Oftienfis Epifc. Cardinal. |
| 1080 | | | | Guilhelm. |
| 1086 | | | Alexius I, Comne- | Bibliothecarius. |
| 1088 | | | nus a. 37, m. 4, | |
| 1099 | Victor 3, a. 1, Urbanus 2, a. 11, m. 4, d. 18, | | | |
| 1100 | Pafchalis 2, a. 18 m. 5, d. 4, | | | |
| 1118 | | | | Sigebertus Gemblac. |
| 1119 | | Heuricus V, al. IV, a. 10. | | |
| 1124 | | | Joannes 2 Comne- | Anfelmus Laudunen. |
| 1125 | Hilarius 2, a. 1, d. 4, Califtus 2, au. 5, m. 10, | | nus a. 24, m. 8, | Joannes Zonoras Cedrenus |
| 1130 | Honorius 2, an. 5, m. 1, d. 17, | Lotharius 2, a. 13, m. 2, d. 21, Conradus | | Glycas. Rupertus Tuitienfis |
| 1139 | Innocentius 2, an. 13, m. 7, | 2, an. 12, m. 10, d. 15 | | S. Bernard. Abbas. |
| | | | | 1143. |

| Anni Christi | PONTIFICES | IMPERATORES Occidentis | Orientis. | Varia. |
|---|---|---|---|---|
| | | | | Honorius |
| 1143 | Cælestinus 2. m 5. d. 13. | | Manuel I. Comnenus | Augusto Danensis, |
| 1144 | Lucius 2, m 11. d. 14. | | a. 37, m. 3. | Hugo de S. Victore |
| 1145 | Eugenius 3. a. 8, m. 4, d. 3. | | | Petrus Venerabilis. |
| 1152 | | Frideric. 1 | | Cluniacen. |
| 1153 | Anastasius 4. an 1. m. 5. d. 1. | Barbarossa a. 37. m. | | Otto Frisingensan. |
| 1154 | Adrianus 4. a. 4, m. 8, d. 24. | 3. d. 7. | | Petr. Blesensis an. |
| 1159 | Alexander 5. an. 21. m. 11. | | Alexius II. | 180. Conc. Lateranen- |
| 1180 | d. 20. | | Comnenus | te III. |
| 1181 | Lucius 3. a. 4. m. 2, d. 28. | | an. 3. Andronic. | Gratian. Petrus |
| 1183 | | | Comnenus an. 3. | Lombard. Petrus |
| | | | Isaacius II. | Comestor |
| 1185 | Urbanus 3. a. 1. m. 10. d. 25. | | Angelus an. 5. m. 8. | S. Hildegar S. Elizab. |
| 1187 | Gregorius 8. m. 1. d 27. | | | Carmelitæ confirman tur ab Ale- |
| 1188 | Clemens 3. a. 3. | | | xandro III. |
| 1190 | m. 2. d. 25. | Henricus | | Ordo Cru- |
| 1191 | Cælestinus 3 | VI. a. 8. m. | Alexius III | cigerorum |
| 1195 | an 6. m. 9. d. 11. | a. d. 22. | Angelus an. 8, m. 3. | dicitur confirma- |
| 1198 | Innocent. us 3. an. 18, m. 6. | | d. 10. | tus à Cæ- |
| 1199 | d. 9. | Philippus frat. Hen- rici, a. 9. m. 3. d. 15. | | lestino III. Joach Ab. Floreñsis. |

| Anni Christi | PONTIFICES | IMPERATORES Occidentis | Orientis | Varia. |
|---|---|---|---|---|
| 1200 | | | | |
| 1203 | | | Alexius 4, Angelus m 6, d. 8. | |
| 1205 | | | Balduin. 1. Flandr. an. 8, m. 11. | |
| 1206 | | | Henricus | |
| 1208 | | Otto IV. an. 2. Frideri- | Balduini frater, a. 10 | Ordo Mi- norum confirma- |
| 1210 | | cus 2. an. 40. | | tur ab In- nocentio |
| 1216 | Honorius 3. an. 10, m. 8, | | Petrus An- tisiodoren sis an. 5. | 3. & Hono- rio 3. Ordo Prae- |
| | | | Robertus ann. 7. | dicatorum |
| 1222 | Gregorius 1X. | | | confirma- |
| 1227 | an. 4, m. 5. | | Balduinus | tur ab eod. |
| 1229 | Caelestinus | | 2, an. 34. | Honor. 3. |
| 1241 | IV. d. 13. | | | Guilielm. |
| | Innocentius IV | | | Parisiensis, |
| 1242 | a. 11, m. 5, d. 14. | | | & Antisio- dorensis |
| 1246 | | Henricus VII. an. 1 | | Concilium generale |
| 1248 | | Guilhel- mus a. 5. | | Lugd. pro Terra S. |
| | | Conradus | | Vincenti. |
| 1250 | Alexander IV. | IV. a. 1, m. d. 10. | | Bellova- |
| 1254 | an. 6, m 5, d. 5. | Richard. | | cens.  |
| 1258 | | a. 6, & | Michael 8. | Alexander |
| 1259 | Urbanus IV. | Alphons. | Palaeolog. | de Ales. |
| 12 1 | a. 3, m. 1, d. 4. | an 5, m. 6 d. 12. | au. 12. | |
| | Clemens IV. | | | |
| 1265 | an. 3, m. 9, d. 5. | | | |

1271

| Anni Chriſti | PONTIFICES | IMPERATORES | | Varia. |
|---|---|---|---|---|
| | | Occidentis. | Orientis. | |
| | | | | Albertus |
| 1271 | Gregorius X. an. 4, m 4, d. 10 | | | Magnus D. Thom. |
| 1273 | | Rudolph: I, an. 20, | | S. Bonav. |
| 1276 | Innocentius V, m. 5, Adrianus V. d. 19, Joannes 20, aiijs 21. m. 11, d. 9, | | | |
| 1277 | Nicolaus 3, a. 2, m. 8, d. 29, | | | |
| | | | | Ægidius Romanus |
| 1281 | Martinus 2. al. | | | Richardus |
| 1283 | 4, a. 4, m. 1, | | | Media vill. |
| 1285 | Honorius 4, an. 2, d. 2, | | Androni- | Henricus |
| 1288 | Nicolaus 4, | | cus Senior | de Gandan |
| 1292 | a. 4, m. 1, d. 14, | Adolphus | Paleolo- | Joannes |
| 1294 | S. Cæleſtinus V, m. 5, d. 17, | an: 7, m: 6, | gus cum filio Mi- | Scotus. Cæleſtinus |
| 1294 | Bonifacius 8, | | chaele | PP. dimiſſo |
| 1299 | a. 8, m. 8, d. 18. | Albertus I, a:·, m: 9, d: 5, | a: 40, | Pontifica- tu redit ad Monaſte- |
| 1300 | | | | rium. |
| 1303 | Benedictus X, dict: x1, m. 8, d. 6, NB. Vacat m 11, | | | Nicephor. Caliſtus. Sedes Pa- |
| 1305 | Clemens V, | Henricus 8 | | pæ in Gal- lia a: 70, |
| 1308 | a. 8, m. 10, d. 16, | Lutzenb: a: 4, m: 9, | | Aureolus. |

| Anni Christi. | PONTIFICES. | IMPERATORES. Occidentis | Orientis. | Varia. |
|---|---|---|---|---|
| | | | | Durandus |
| 1314 | - - - | Ludovic. | | Nicolaus |
| 1316 | Joannes XXI. | IV. Bava- | | de Lyra. |
| | al. XXII. an. 18. | rus an. 32. | | Templarij |
| | m. 3. d. 18. | m. 10. d. 10 | | deleti in |
| | | | | Concilio |
| 1332 | - - - | - - | Androni | Viennensi. |
| 1334 | Benedict. VI. | | cus Pa- | Alvarus |
| | dict. XII. an. 7. | | leologus | Pelagius. |
| 1341 | m. 4. d. 7. | | an. 8. | Lupoldus |
| 1342 | Clemens VI. a. | | Joan. Pa- | Bedenburg. |
| 1346 | 10. m. 7. d. 16. | Carolus | læolog. | Ludolph. |
| 1352 | Innocentius | IV. an. 32. | Andro- | Carthusian. |
| | VI. an. 9. m. 6. | m. 7. d. 14. | nici fil. | anno 1350. |
| 1361 | Urbanus V. | | an. 4. | Jubilæum |
| | a. 8. m. 3. | | cum Jo. | revocatur |
| 1370 | Gregorius XI. | | Cantacu | ad an. 50. |
| | a. 7. m. 2. d. 7. | | zeno a. 2, | Gregor. XI. |
| 1378 | Urbanus VI. | | m. 4. d. 16 | reducit Se- |
| 1379 | a. 11. m. 6. d. 13. | Wences- | | dem Pontif. |
| 1384 | - - - | laus piger | Manuel | in Urbem. |
| 1389 | Bonifacius IX. | an. 21. m 5. | II. Palæ- | Bartholus. |
| | an. 15. minus | d. 28. | ologus | Baldus. |
| | 30. diebus. | | an. 34. | Gregorius |
| | | | | Ariminensis |
| 1400 | | Robertus | | S. Vincctius |
| | | Bavarus | | Ferrerius. |
| | | a. 9. m. 8. | | Schisma 4. |
| 1404 | Innocent. VII. | d. 12. | | an, aut etiã |
| | an. 2. d. 20. | | | plurium. |
| 1406 | Gregorius XII. | | | Joannes |
| | an. 2. m. 7 d. 5. | | | Gerson. |
| 1409 | Alexander V. | | | Concilium |
| | m. 10. d. 8. | | | Constant. |
| 1410 | Joannes XXII. | | | |
| | a. XXIII. a. 6. | | | |
| 1411 | Martinus III. | Sigismun- | Joan. | |
| 1427 | al, V, an. 13. m. | dus an. 27 | Palæo- | |
| 1418 | 3. d. 10. | m. 8. | log. a. 27 | |

| Anni Christi | PONTIFICES | IMPERATORES Occidentis | Orientis | Varia. |
|---|---|---|---|---|
| 1431 | Eugeni, IV.a. 15. m. 5. d. 21. | | | S. Bernardin. Senens. Conc. Florentin. pro |
| 1439 | - - - | Albertus II. Austriacus a. 1. m. 9. d. 2. | | unione Græcorum Alfonsus |
| 1444 | - - - | Fridericus III. an. 53. m. 7. d. 19. | | Tostatus Abulensis Episcopus |
| 1445 1447 | Nicolaus V. an. 8. d. 9. | - - | Constantin. XII. Paleologus ultimus Imperator Constantinopolitanus Christianus anno 7. | Panormitanus. Æneas Sylvius. S. Anton. Joan. Turrecremata. Bessarion. |
| 1452 1455 | Calixtus III. an. 3. 4. | - - | Turcæ regnare cœperunt Constantinopoli. | |

| | PONTIFICES | IMPERATORES | | |
|---|---|---|---|---|
| 1458 | Pius II. ann. 3. m. 11. d. 27. | | | |
| 1464 | Paulus II. an. 6. m. 10. d. 26. | | | |
| 1472 | Sixtus IV. an. 13. d. 4. | | | Sixtus IV. Jubilæum ad a. 25. re- |
| 1484 | Innocentius VIII. ann. 7. mens. 10. d. 17. | | | vocat in eo manet. Ordo Minimorum |
| 1493 | Alexander VI. an. 11 m. 8. | Maximilianus I. a. 25. m. 4. d. 25. | | S. Francisci de Paulo. 1500 |

| Anni Christi. | PONTIFICES. | IMPERATORES | Varia. |
|---|---|---|---|
| 1500 1503 | Pius 3. d. 16. Julius 2. a. 9. m. 1. d. 21. | | Joan. Picus Miran- dulæ Comes, anno 1511, Concil Late- |
| 1513 1519 1522 | Leo X. an.8. m. 8, d.20. Adrian. VI. a. 1, m. 8, d. 16, | Carolus V. a. 37. m. 8. d. 14. | ranense V. ad 1518. Circa a. 1512, ince- pit Luther. errores spargere usque ad |
| 1523 1534 1550 | Clemens 7. a 10, m. 10. d. 7. Paulus 3. a. 15. d. 25. Julius 3. a. 5. m. 1. d. 16. | | 1556. Joannes Nauclérus Albertus Kranzius, an. 1524. Ordo Clericorum Regu- larium confirm. |
| 1555 | Marcell. II. d. 22. Paul. IV. a. 5. m. 2, d. 27. | | Thom. de Vio Ca- jetanus 1536. Ordo Capuccinor 1523, Ordo Cleric. |
| 1558 1560 1564 1566 | Pius IV. an. 5. m. 2, d. 15. Pius V. an. 6. m. 3. d. 24. | Ferdinandus I. an. 6, m. 4, d. 13, Maximilian. II. a 12, m. 2, d. 16 | S. Pauli, 1525, Hen- ricus 8, in Anglia deficit, ut fit Eccl. caput. Joannes Roffensis, |
| 1572 1576 1585 | Gregorius 13. a. 12, m. 10. d. 27. Six. 5. a. 5, m. 4. | Rudolphus II. a. 35, m. 3, d. 7. | Thomas Morus Martyr. Joannes Eckius, Cochlæus, |
| 1590 | Urbanus 7. d. 12. Gregorius 14. m. 10, d. 10. | | Driedo an. 1540. Ordo Clericorum Societatis JESU confirmatut à Paulo |
| 1541 1592 | Innocentius 9. m. 2. Clemens 8. a. 13. m. 1, d. 3. | | III. die 27, Septemb an. 1545, Concil. Tridentinum in- choatum an. 1565. concluditur. |

Hugonotti regnum Galliæ infeſtant An. 1566. Geuſij in Belgio tumultus cient, An. 1571, victoria navalis de Turcis relata ob fœdus, 1572. apparet nova ſtella in Caſſiopea, paulatim evaneſcit. Petrus Caniſius, Wilhelmus Lindanus 1588. Ordo Clericorum Minorum confirmatur à Sixto V. Benedictus Peterius. Robertus Card. Bellarminus Cæſar Card. Baronius Thomas Stapletonus, Alfonſus Salmeron. Franciſcus Card. Toletus, Franciſcus Coſterus 1591. Ordo miniſtrantium infirmis confirmatur à Gregorio XIV. Franciſcus Fevardentius.

| Anni Chriſti | PONTIFICES. | IMPERATORES | Varia. |
|---|---|---|---|
| 1600 | | | An. 1600, Jubilæum celebré ſub Clemente VIII. |
| 1605 | Leo VI. d. 26. Paulus V. a. 15 m. 8. d. 13. | | |
| 1612 | - - - - | Matthias an. 6. m. 9. d. 3. | Thomas Bozius Franciſcus |
| 1619 | - - - - | Ferdinand. II. | Suarez. |
| 1621 | Gregorius XV. an. 2. m. 7. | an. 17. m. 5. d. 18. | |
| 1623 | Urbanus VIII. a. 20. m. 11. d. 21. | | An. 1625, Jubilæum ſolenne ſub Urban. VIII |
| 1636 | ● - | Ferdinandus III. an. 19. m. 3. d. 15. | An. 1640 annus ſæcularis Soc. JESU actus. |
| 1644 | Innocentius X. a. 10. m. 3. d. 15. | | |
| 1654 | - - - - | Ferdinandus IV. deſignatus Rex | Jubilæum extraordinarium. |
| 1655 | Alexander VII. | Roman. moritur | Caſimirus Rex |
| 1658 | an. 12. m. 1. d. 17. | Leopold. electus 18. Julij vivat. | Poloniæ abdicati 1668. Creta à Turcis occupata 1669 |
| 1667 | Clemens IX. an. 2. m. 5. d. 19. | | |
| 1670 | Vacat Sedes, | | |

SIcut post tabulas Chronologicas prioris partis, addita sunt
nonnulla de Republ. Athen. Rom. Lacedæmon ita visum est
non ingratum fore Studiosis, si nonnulla adderentur, seu toti
Ecclesiæ communia, ut sunt persecutiones, schismata; sive Germaniæ magis propria, ut sunt Academiæ Catholicæ celebrio-
res, ordines hic noti, & nonnulli Reges ac Duces Germaniæ
præcipuè, quibus etiam Francorum Reges adjecimus, eò quòd
Franci finibus suis jam ante egressi circa ann. 400. Coloniam,
totumque hujus Rheni tractum, per multa sæcula sub sua potestate tenuerint.

---

## I. *Persecutiones Ecclesiæ generales.*

Ab Imperatoribus gentilibus illatæ recensentur 10. Prima,
sub Nerone. Secunda, sub Domitiano. Tertia, sub Trajano.
Quarta, sub Antonino. Quinta, sub Septimio Severo. Sexta,
sub Heliogabalo. Septima, sub Maximio. Octava, sub Vale-
riano & Galieno. Nona sub Aureliano. Decima & sævissima,
sub Diocletiano, perduravitque usque ad Licinij Imperium.
Post quas Constantinus M. Pacem Ecclesiæ dedit. Sed Julianus
apostata anno 361. persecutionem in Christianos renovavit.
Aliæ persecutiones fuêre particulares, & ferè ab Hæreticis: ut
in Africa Wandalorum, Donatistarum, Manichæorum. In
Italia Gothorum, Longobardorum. In Hispania Saracenorum.
Postremis temporibus in Anglia, Francia, Belgio à Calvinistis,
in Germania à Lutheranis, persecutio suscitata est: *De persecu-
tionibus, vide Simonettam, & Lensanm : itemque Ioannem
Aquepontanum in concertatione Angl. & theatrum crudelitatis
Calvinisticæ.*

## II. Schismata Ecclesiæ ex Odoardo Risshono.

In Ecclesia Romana propter diversam Pontificum electionem multa schismata
exorta sunt.

1 Anno 251. Novatianus Romanus sedit contra Cornelium .
anno 6.

2 Anno 255, alij 358. Felix Roman. sedit contra Liborium anno 3, m. 8, d. 11.

3 Anno 364, Ursicinus Rom. contra Damasum sedit anno 1,
m. 3; d. 15.

4 Anno 449, Eulalus Rom. contra Bonifacium sedit anno 3,
d. 7.

5 Anno 498, Laurentius Rom. contra Symmachum sedit an. 1.

6 Anno 530. Dioscorus Rom. contra Bonifacium II. sedit d. 28

7 Anno 537, Vigilius contra S Iverium, qui anno 40. obiit, post
cuius mortem Vigilius post electionem factus est legiti-
mus Pontifex.

8 Anno 686. Petrus & Theodorus, utroque abdicante electus
est Canon

9 Anno 687, Theodorus & Paschalis, utroque abdicante electus Sergius.

10 Anno 257. Theophylactus contra Paulum sedit.

11 Anno Constantinus Laicus sedit anno 1, m. 1, d. 9. Philippus contra hunc d. 5.

12 Anno 284, Zinzinus contra Eugenium II. paulò post se abdicat.

13 Anno 855, Anastasius II. creatus contra Benedictum 3. paulò
post abdicat.

14 Anno 891, Sergius 2, sedit contra Formosum.

15 Anno 897, Sergius 3, sedit contra Joannem IX.

16 Anno 963, Benedictus V. Rom. sedit contra Leonem VIII,
m. 1, d. 10.

17 Anno 974, Inter Bonifacium & Benedictum VI. & Joannem XIV.

18 Anno

18  Anno 995, Joannes XVII. Græcus contra Gregor. V. sedit
    m. 10.

19  Anno 1058, Sylvester 3, sedit contra Benedictum 8, anno 9,
    m. 3, d. 19.

20  Anno 1058, Benedictus V. al. 9, contra Nicolaum 1, à Lai-
    eis electus, sedit m: 9, d. 10.

21  Anno 1061, Honorius 2, antea dictus Gadalous contra Ale-
    xandrum 2, sedit anno 5.

22  Anno 1080, Clemens 3, olim Guibertus Rhem. contra Gre-
    gorium 7, sedit anno 25.

23  Anno 1100, Albertus mens. 4, Theodoricus m. 3. contra Pa-
    schalem 2.

24  Anno 1118, Mauritius Burdinus dictus Gregor. Octav. con-
    tra Gelasium an. 3.

25  Anno 1124, Cælestinus 2, dictus antea Theobaldus, contra
    Honorium 2, d. 1.

26  Anno 1130, Anacletus I. dictus Petrus Leonis, contra Inno-
    centium 2, an. 7, d. 9, contra eundem tunc electus Victor
    3, statim se abdicavit.

27  Contra Alexandrum 3. electi quatuor: Victor 4, sedit anno
    4, meas. 7, Paschalis 3, anno 5, Calistus 3, anno 7, mens. 3,
    Innocentius, qui paulò post se abdicavit.

28  Anno 1316, Nicolaus contra Joannem XXI, aut XXII, dict.
    sedit an. 3, m. 3, d. 14.

29  Anno 1378, Clemens VIII. contra Urbanum VI. sedit an.
    15, m. 3, d. 28, Benedictus XI, an. 10, Clemens VIII. an. 4,
    contra Martinum V. Felix IV. anno 1431, contra Euge-
    nium IV. an. 9, m. 3.

## Initia Ordinum Regularium celebriorum, qui in Germania noti sunt, ex Joanne Gualterio.

1. Antonjani ordinem ducunt à S. Antonio, qui anno 361. mortuus est. Sed anno 1210. instaurati; alij deducunt à S. Antonio Viennensi.

2. Augustiniani tam Eremitæ, quàm Canonici Regulares circa annum 394. ortum habuerunt à S. Augustino, sub cujus Regula plurimi Ordines militant, prout ostendit *Laur. Beyerlinck in Theatro V.H.* Hi ex Africa in Europam propter bella ac hæreses commigrarunt.

3. S. Basilij Ordo cœpit circa annum 383. sed in Oriente ferè tantùm notus.

4. Benedictus à Benedicto circa annum 526. acceperunt ortum ac regulam, sub qua diversi Ordines ( facta aliqua in vestitu, ac statutis inmutatione ) Deo militant, *uti Beyerlinck* eos recenset *in Theatro V H.*

5. Bernardini à S. Bernardo nobili Burgundo oriundi, parum à Cisterciensibus differunt, de quibus inf. num. 10.

6. Brigidani seu Brigittani à S. Brigitta Sueciæ Regina, sub regula Salvatoris an. 1366. ita instituti sunt, ut Religiosi ac Moniales sub eadem Abbatissa vivant, eadem Ecclesia utentes, sed muris separati.

7. Canonici Regulares diversi sunt, alij à S Augustino, alij ab Arnolpho Hierosolymis, alij à S. Joyone in Gallijs, aut S. Rufo instituti, &c.

8. Carmelitæ dicti à Carmelo monte, ubi eos Amaltibus Antiochenus Episcopus congregavit, circa annum 1170. circa quos quædam Albertus Hierosolymitanus anno 40 post immutavit. Alij ad Heliam referunt. *Vide Salianum.* Confirmat Alexander III. Innocentius III. Honorius III. Innocentius anno 1248. antiquum institutum mitigavit, hinc Mitigati dicuntur. Postmodum à S. Theresa reformati.

Carthufiani à loco, propriè Cratiapopolim Galliæ urb em
fic dicto, appellari cœperunt anno 1080. vel 1086. à S.
Brunone, Colonienfi, Rhemenfi Canonico exorti.

10  Ciftercienfes à S. Roberto Molifinenfi atque Ardino An-
glo in Burgundia, cœperunt fub Urbano II. circa annum
1090. aut 1098.

11  Clariffæ à S Clara S. Francifci cive, atque æmula circa
annum 1210. aliquanto ante exortæ funt, variifque lo-
cis, ac temporibus mitigatæ ac refo matæ.

12  Dominicani S. Dominicum auctorem habent, & Prædica-
tores à præcipuo evangelizandi munere dicuntur, anno
1509. ait Beyerlinck à S Dominico inchoatus eft, fed ab
Honorio 3 approbatus anno 1261.

13  Francifcani feu Minores, eodem ferè tempore à S. Fran-
cifco inftituti, atque ab eodem Honorio Pontifice appro-
bati. Hi fecundum variam Regulæ S. Francifci explica-
tionem & obfervantiam in diverfas claffes divifi funt.

14  Guilhelmitæ, pertinent ad Auguftinianos à Guilhelmo
quodam Gallo, quem ordinem Joannes Bonus, alijque
reformarunt anno 1161. vel 1256. Bellarm. ait eos ab In-
nocentio V accepiffe ut Eremitæ S. Auguftini dicerentur.

15  Hierofolymitani fecundùm aliquos à S. Hieronymo nomen, & originem habent ; alij ad Rhedonem quendam
circa annum 1405. referunt Beyerlinck dicit inftitutos cir-
cà annum 1356. à Petro Ferdinando, in Hifpania, atque
à Gerardo Daventrio, Aquenfi Canonico, in Belgio.

16  Præmonftratenfes Canonici auctore S. Norberto à loco in
Galliis ante demonftrato fic dicti, cœperunt circa annum
1120. Beyerlinck.

17  S. Spiritus Societas, à Gabriele de Spoleto, incepta circa
annum 407.

18  Societatis Jefu Ordo Clericorum eft, ut patet in Concil.
Trident. ac Bullis Pontificum. Hunc aufpicatus eft S. Ig-
natius de Lojola, nobilis Cantaber circa a. 1517, Eam-
que Paulus III. anno 1540. in fefto S. Cofmæ & Damiani
confirmavit, ac reliqui deinde, qui fecuti funt Pontifices
idem inftitutum approbarunt.

39 Ursulanæ sub regula S. Augustini ad pietatem & bonos mores juventutem instituentes , quarum institutum , agente Francisco Cardinale de Soudis , Archiepiscopo Burdegalense, approbatum est à Paulo Papa V. 5. Februarij, anno 1618. & quoad partes Belgij ad instantiam Ferdinandi Archiepiscopi Coloniensis confirmatum ab Urbano Papa oct, originem suam referunt ad B. Anlam Brixianam, quæ Sodalitatem S. Ursulæ instituit , approbante Gregorio Papa Decimotertio anno 1571. petente id S Carolo Cardinale Borromæo, Archiepiscopo Mediolanense.

---

## *Ordines Militares , ex Joanne Gualtherio Belga.*

**§.** *Ioannitæ à S. Ioanne Baptista* Patrono suo appellati, exorti sunt circa annum 1099, ad defensionem sacrorum locorum , Hierosolymis , unde & Hierosolymitani equites à nonnullis dicti sunt , & Rhodij , seu Rhodienses ab Insula Rhodo , quàm anno ferè 1308. Turcis eripuerunt, ex qua tamen ann. 1523. ejecti, atque in Insulam Maris Adriatici Melitam secesserunt, à qua & Melitenses nunc appellant ut : gestant crucem candidam nigro pallio intertextam De his videri potest. *Hen. Pantaleon & Aub. Myræus.*

**§.** *Templarij* non multò post, circa annum scilicet 1128. Gelasio II. Pontifice, exorti sunt etiam Hierosolymis , atque juxta templum ibidem habitabant, unde & Templarij dicti sunt. Utebantur pallio albo , ac rubenti cruce. Eorum munus erat , ut Christianos loca sacra adeuntes, & hospitio exciperent , & armati per terram sanctam deducerent, ab injurijs, & vi latrocinantium infidelium defendentes. Hi accepta à S. Bernardo regula, cum diu in disciplina stetissent , & jam per totam Europam , opibus inclyti essent , subitò convicti impietatis , aliorumque scelerum ( ut nonnulli scribunt ) jussu Clementis V. deleti sunt , bonis eorum ad Joannitas vel Teutonicos derivatis. Quanquam *S. Antonius, Nauclerus,* & alij , injuriam

riam illis factam dicant, propter falsas accufationes malevolis ortas, ac propter bona, quæ varijs-locis poffide-
bant.

**7.** *Theutonici* cœperunt ferè eodem tempore, quo Templarij defierunt, quorum etiam difciplinam imitabantur,
cùm & peregrinos hófpitio fufciperent, & re poftulante;
arma contra hoftes fidei, unà cum Rhodijs conjungerent.
Dicti Theutonici, vel à primo eorum auctore Germano,
vel quod foli Theutonici in eum ordinem admitterentur;
ijque non omnes, fed tantùm qui parentibus indubitatæ
nobilitatis orti effent; Utuntur pallio albo, intertextam
crucem atram habente. Expugnata ab infidelibus Jerufa-
lem, & Ptolomtade Syriæ (quò fe recepetant) amiffa, in
Germaniam transgreffi funt, in quà etiam Pruffiam ad
fidem converterunt. Licèt Albertus Brandenburgicus ab
ordine deficiens, Polono fe fubjecerit. Eorum nunc fedes
præcipua, ac magni Magiftri habitatio ordinaria eft
Marienthæmium in Franconia.

Plures alij Militares Ordines funt in Hifpania, ut S. Jacobi,
Alcantaræ, Calatranæ, &c.

---

## *Academiæ Germaniæ celebriores.*

Non de Scholis nobis fermo eft, quas cum ipfa fide apertas
effe, aut fic ubi fuerant, in Chriftianam formam paulatim mutatas fatis conftat, fed de illis fapientiæ ac religionis facrarijs
ac veluti templis, quas Academias vocant. Eas inter plerique
antiquitate excellere *Trevirenfem* volunt, quippè quæ erecta
fit anno falutis 355. ipfo illo, qui reftaurator dilapfæ jam apud
Treviros religionis fuerat, Architecto ac Principe S. Agritio.
Cæterùm juftamne Academiam, fuis omnibus, quales jam habemus, perfectam numeris, an, quòd potius crediderim, celebratiorem aliquam plerarumq; artium ludum authoritate Imperatorum aperuerit, in dubio relinquendum cenfeo. Certè
quemadmodum conftat tempore Gratiani Imp. ftudia *ibi* flo-
ruiffe, ità extra controverfiam eft, Joannem à Petra Trevirorum Archiepifcopum anno 1473. Academiam illam aut revo-
caffe, aut inftituiffe.

Tre-

Trevirenfi proxima, fed longo tamen intervallo accedit *Viennenfi* Pannoniæ inferioris; quam 1237. Fridericus II. Imp. ad *Parifienfis Romanæque* fimilitudinem inftituit; inftauravit 1561. Albertus III. Dux Auftrius, cui etiam Jurisprudentia debetur, & cujus docendæ facultatem ab Urbano VI. obtinuit Theologia. Eam Academiam ampliffimis deinde immunitatibus adornarunt Carol. IV. Imp. & Pius II. P. M.

Anno 1346. *Hydelbergam* lyceo publico celebratiorem reddidit Rupertus II. Dux Bavarus: cujus Bibliothecam, illam tam celebrem, primus dedicavit Ottho Henricus Elector Palatinus.

Anno 1357. Carolus IV. Imper. *Pragenfe* Gymnafium, quandam veluti literarum virtutumque officinam inftituit, id fua authoritate ratum effe juffit Pius II.

Anno 1361. *Cracovia* in Polonia natum eft publicum Gymnafium, authore ac parente Cafimiro, approbante Urbano IV. ultima manus acceffit 1400. à Uladislao Jagellone Lithuaniæ Duce, qui omnium Doctores facultatum Pragâ huc evocavit, confenfu Pontificum Bonifacij IX. Joannis XXII. Martini V.

Anno 1388. *Colonia* in Ubiis hactenus fchola, nunc in publicam communemque Eruditorum omnium Univerfitatem evafit, Urbanus VI. gemina Parifienfibus Academijs jura concedente, ipfis Regalibus in capitulati fummæ ædis domo, prima prælectio de illis Ifaiæ verbis difputavit: *Surge & illuminare Ierufalem*: primo Cancellarij Magiftratu functus eft Præpofitus Colonienfis, Rectoris verò, Hettlinus de Marca.

Anno 1388. *Herbipoli* Joannes 2. Mogunt. Elect. tranftulit ob frequentes civium cum difciplinarum ftudiofis contentiones *Erphordiam* ftudiorum Univerfitatem; fed Julius Francorum Dux anno 1582, Herbipoli Academiam novam fuis legibus atque immunitatibus auctam inftituit, Gregorio XIII. Pontifice Maximo approbante.

Anno 1408. Solennibus aufpiciis, fumptibusque Friderici I. Saxonum Electoris, inchoatum eft *Lypfienfe Gymnafium*; Ingolftadienfe verò biennio poft, quod luculenti juris libertatisque particeps fecit *Pius II.* Ad preces Ludovici Bavari.

Anno 1415. extitit *Rostochiensis* in Ducatu Megapolitano ad mare Balthicum, ei suam libertatem cùm Pontifex, cum Cæsar amplam impertivit.

Ex Agrippinate Schola quædam quasi Colonia deducta est *Lovaniensis* Universitas, cui Joannes Dux Lovaniensium, obtinuit quidem jura sua, anno 1425. natalis tamen Academiæ incidit in antea. VI. Non Octobris anni sequentis Theologiæ perlegendæ, quam Martinus negarat, accessio facta est ab Eugenio V.

Quæ est apud *Friburgenses* in Brisgovia, Academia originem habuit anno 1450. ( aliorum opinio ponit 60. ) ab Alberto Austriaco. *Gripsvvaldensis* verò, anno 1456. à Vratislao Pomeraniæ Principe X. immunitates à Friderico III. Imperatore.

*Basilea* jura docendi æqua Bononiensibus tulit 1450. natalem tamen egit anno proximè insequenti D. Ambrosij festo die.

*Anno* ejusdem ætatis 77. ( eodem omninò, quo *Tubingensem* comparavit, perfecitque Eberardus Comes Wittenbergicus ) Dietherus ab Isenburg Elector, quam *Moguntia Academiam* excitarat, cum ea Sixti V. Summum Imperium communicavit, leges libertatemque Academiis consuetam.

Hæc sæculo quinto decimo, nunc sextum & decimum, Universitates dedit, primam quidem, anno sæculari *Lavingensem*, in superiore Palatinatu, fundatore Wolffgango Comite Bipontino annuente Ferdinando Imper. deinde anno secundo *Wittenburgicam*, authoritate Friderici Saxonum Electoris, *Vratislaviensem* in Silesia anno quinto agente urbis Senatu consentiente cum Uratislao Ungarorum, & Bohemorum rege, tum Julio 2. P.M. quanquam confirmationem ne impetrarent, rationibus evicere *Cracovienses*, qui suis luminibus offici nolebant.

Vratislaviâ felicius fuit *Francofurtum* ad Viadrum, ubi anno sexto Principes ac Creatores Academiæ extiterunt: Joachimus r. Brandenburg. Elect. & frater ejus Albertus, postea Cardinalis immunitatum concessore Alexandro 6. & Julio 2. Confirmatore Maximiliano 1. Imper.

*Marburgensis* Academia in Hassia 1526. emanavit à Philippo Landgravio, confirmantibus Clemente Septimo, &

Carolo Quinto *Coppenhagensis* nata est 1539. à Friderico Dano-
rum Rege. *Delingana* Bavariæ superioris originem suam ac-
ceptam fert Othoni Truchlesio Cardinali Augustano , anno
1549. eam excepit 1562. *Duacensis* in Belgis , authoritate fun-
dationeque Philippi Secundi Hispaniarum Regis : ut, & *Gracia*
in Styria, anno 1582, jura illius procurante apud Pontificem
atque Imperatorem , Carolo Archiduce Maximiliani II. Imperatoris fratre, ac Ferdinandi II. parente. Accessere denique
anno 1516. Padibornensis in Westphalia , per Reverend. Theo-
dorum à Furstenberg Episc. Molsheimensis in Alsaria per Leopoldum Archiducem. Osnabrugensis per Franciscum Wilhelmum Osnabrugensem Cardinalem restituta.

---

### *Reges Francia ab anno Christi 417. dicti Merovingi.*

1. Pharamundus 14. ann. 2. Clodio 18. ann. 3. Morovæus 10.
an. 4. Childericus 25. ann. 5. Clodoveus primus Christianus 30.
ann. 6. Clodomirus 6. an. 7. Theodoricus 26. ann. 8. Theode-
bertus 13. ann. 9. Theobaldus 6. an. 10. Childebertus 44. an. 11.
Clotarius 50. an. 12. Cherebertus vel Aribertus 5. ann. 13. Sigebertus 13. an 14. Chilpericus 23. an. 15. Guntharanus 32. an. 16.
Childebertus II. 25. anu. 17. Clotarius II. cum Patruo ann. 30.
solus 14. ann. 20. Dagobertus 14. ann. 21. Sigebertus in Au-
straf. 10. ann. 22. Clodoveus II. in Occid. 17. ann. 23. Clotarius III. 4. ann. 24. Childericus II. in Austras. 17. ann. 25. Theodoricus III. 19. ann. 26. Clodoveus III. 12. an. 27. Childebertus
III. 10. ann. 28. Dagobertus II. 5. ann. 29. Chilpericus II. ex
Clerico Rex. 5. & dim. ann. 30. Clotarius IV. aliquot mens. 31.
Theodoricus IV. 13. ann. 32. Chilpericus III. dict. Stupidus, 9.
anu. in monasterium detrusus.

31. Pipinus per Zachariam Pontif. & S. Bonifacium 17. an. 4. m. 25. d. 34. Carolomannus cum fratre Carolo M. 3. ann. 2. m. 11. d. 35. Carolus M. 25. an. 4. m. 4. d. 36. Carolus 2. cum Patre 32. an 37. Ludovicus Pius Imp. 26. an. 4. m. 24. d. 38. Carolus 3. Calvus Imp. 37. an. 5. m. 17. d. 39. Ludovicus 3. Balbus Imp. 1. an. 6. m. 5. d. 40. Ludovicus 3. ann. 4. m. aliquot d. 41. Carolomannus 1. cum fratre præced. 6. ann. 42. Ludovicus 4. Nihilus dictus, quia statim mortuus est, 43. Carolus 4. Rex , sed Imp. III dictus Crassus , 3. ann. 44. Otho ex Saxonia Tutor seq. 10. ann. 45. Carolus V. Simplex, Posthumus contra præced. 32. ann. 46. Rudolphus Burgundio capit Carolum , & Carolo mortuo Reg. 2. ann. 47. Ludovicus V. 16. ann. 48. Lotharius 2. 33. an. 49. Ludovicus 6. 9. ann. 50. Carolus 6. aliquot menses captus ante coronationem ab Hugone. *Deficit stirps Caroli.*

---

## *Alia linea Regum , qui dicti sunt Capitani.*

51. Hugo Capetes M. 13. ann. 52. Robertus 33. ann. 53. Henricus 29. an. 54. Philippus 16. an. 55. Ludovicus Septimus Crassus 30. au. 56. Philippus 2. cum Patre, 1. au. 6. m. 57. Ludovicus Oct. 4. ann m. 1. d. 19. 58. Philippus 3. 42. ann. 59. Ludovicus Nonus. Mitis. 3. ann. 60. S. Ludovicus ann. Christi 1226. 2. 4. m. 9. d. 19. 61. Philippus 4. 14. ann. 62. Philippus 5. Pulcher 24. ann. 63. Ludovicus xi. Hurtinus, 2. 64. Joannes tantùm 20. dies. 65. Philippus Sextus Longus, 4. ann. 66. Carolus Septim. Pulcher 7. ann. 67. Philippus Sept. Valesius Philippi V. Nepos, S. Ludovici pronepos , 22. ann. 68. Joannes Secund. Valesius 14. an. 69. Carolus Oct. dict. V. Sapiens 17. ann. 70. Carolus Nonus dictus Sext. 42. an. 71. Carolus Decimus dict. Sept. 78. ann. 72. Ludovicus XII. 23. ann. 73. Carolus Undecimus dictus Octav. 14. ann. 74. Ludovicus XIII. dictus XII. 17. ann. 75.
Fran-

Franciscus Valesius an. Christi 1014. ; an. 76. Henricus Secundus 13. an. 77. Franciscus Secundus , an. 78. Carolus Decimus dictus Nonus 14. an. 79. Henricus Tertius 10. an. 80. Henricus Quart. M. 21. annno 81. Ludovicus Decimus tertius 33.
an. 81. Ludovicus 14. declaratus Rex anno 1643. Vivat.

---

## Duces & Archiduces Austriæ à Rudolpho I. Imperatore usque ad Leopoldum Imperator.

1. Rudolphus 1. natus 1218. electus 1273. mort. 1291. ex filia
Comitis Hoheberg genuit Albertum primum.

2. Albertus 1. Cæsar factus 1298. mort. 1308. Austriæ Dux
factus post devictum Othocarum. Ex filia ducis Carinthiæ genuit Albertum 2.

3. Albertus 2. dictus Sapiens, ex filia Comitis Ferreti genuit
Leopoldum.

4. Leopoldus 1. ex filia Ducis Mediolanensis genuit Ernestum , &c. occisus est ab Helvetiis cum nobilibus 40. anno
1389.

5. Ernestus dictus Ferreus , ex filia Ducis Masoniæ genuit
Fridericum.

6. Fridericus dictus Pacificus, Ernesti Fil. 1. Archidux & Imperator an. 1450. coronatus. Ex Eleonora Regis Lusitaniæ filia
genuit Maximilianum.

7. Maximilianus anno 1456. & Cæsar electus , ducta Maria
Caroli Audacis filia, Burgundij & Belgij hæres effectus est, ex
eaque suscepit Philippum.

8. Philippus ducta Regis Hispaniarum filia, genuit Carolum 5. & Ferdinandum 1. obiit ante patrem suum Maximilianum anno 1506.

9. Carolus V. Imp. natus 1500. electus 1519. coronatus A-
quisgrani 1521. Romæ 1530. Franciscum Galliæ Regem cepit
1525. filiam Regis Lusitaniæ duxit anno 1528. ex qua natus est
Philippus Secundus. Comitia habuit Augustæ anno 1510. Ubi

con-

confeſſio us Lutheranorum cuſa & oblata eſt. Ann. 31. Turçaſii ex Auſtria & Hungaria expulit. Poſt varia bella translato in fratrem imperio, atque in filium regno; pacificè & quietè mortuus eſt anno 1558. In ſeceſſu ad S. Juſtum in Hiſpania.

10. Ferdinandus I. Philippi I. filius Car. V. frater Imperator, ex Anna Ludovici Hungariæ Regis ſorore ſuſcepit Maximilianum, Ferdinandum, Carolum.

11. Maximilianus II. natus 1527. obiit 12. ann. imperij in comitiis. Filios habuit Rudolphum II. Erneſtum, Matthiam, Maximilianum, Albertum. Ferdinandus, Maximiliani frater genuit Andream Card. & Carolum Burgoviæ Marchionem. Carolus III. frater, in Styria degens, genuit Ferdinandum Secundum. Maximilianum, Leopoldum, ann. 1586. Carolum, & tres filias.

12. Rudolphus II. Imp. electus anno 1577. obiit ann. 1612. regn. 35. an.

13. Matthias Rudolphi II. Frater electus 1612. obiit 1619. reg. an. 6. m. 9. d. 3.

14. Ferdinandus II. electus 1619. obiit 1637. regnavit annis 17. menſibus 5. diebus 18. Liberos reliquit ex Maria Anna Bavara Ferdinandum III. Imperatorem, Leopoldum Wilhelmum Ord. Teutonici Magiſtrum, Mariam Annam Maximiliani Electoris Bavari conjugem, Cæciliam Renatam, Ulỉadislao Poloniæ & Sueciæ regi nuptam.

15. Ferdinandus III. natus 1608. electus anno 1636. obiit 1656. reg. an. 19. m. 3. d. 15. &

16. Ferdinandus IV. vivente adhuc Patre deſignatus Rex Romanorum, moritur.

17. Leopoldus electus anno 1658. 28. Jul. quem Deus Romano Imperio diu ſervet incolumem, & hoſtium facit triumphatorem.

Duca

## II Initia Ordinum Regularium celebriorum, qui in Germania noti sunt, ex Joanne Gualterio.

1. Antonjani ordinem ducunt à S. Antonio, qui anno 361. mortuus est. Sed anno 1210. instaurati; alij deducunt à S. Antonio Viennensi.

2. Augustinianitam Eremitæ, quàm Canonici Regulares circa annum 394. ortum habuerunt à S. Augustino, sub cujus Regula plurimi Ordines militant, prout ostendit *Laur. Beyerlinck in Theatro V.H* Hi ex Africa in Europam propter bella ac hæreses commigrarunt.

3. S. Basilij Ordo cœpit circa annum 383. sed in Oriente ferè tantùm notus.

4. Benedictus à Benedicto circa annum 526. acceperunt ortum ac regulam, sub qua diversi Ordines ( facta aliqua in vestitu, ac statutis imitatione ) Deo militant, *uti Beyerlinck* eos recenset *in Theatro V H.*

5. Bernardini à S. Bernardo nobili Burgundo oriundi, parum à Cistercensibus differunt, de quibus inf. v. num. 10.

6. Brigidani seu Brigittani à S. Brigitta Sueciæ Regina, sub regula Salvatoris an. 1366. ita instituti sunt, ut Religiosi ac Moniales sub eadem Abbatissa vivant, eadem Ecclesia utentes, sed muris separati.

7. Canonici Regulares diversi sunt, alij à S Augustino, alij ab Arnolpho Hierosolymis, alij à S. Joyone in Gallijs, aut S. Rufo instituti, &c.

8. Carmelitæ dicti à Carmelo monte, ubi eos Amaltibus Antiochenus Episcopus congregavit, circa annum 1179. circa quos quædam Albertus Hierosolymitanus anno 40 post immutavit. Alij ad Heliam referunt. *Vide Salianum.* Confirmat Alexander III. Innocentius III. Honorius III. Innocentius anno 1248. antiquum institutum mitigavit, hinc Mitigati dicuntur. Postmodum à S. Theresa reformati.

9. Car-

Carthufiani à loco, propriè Cratiauopolim Galliæ urb em
fic dicto, appellari cœperunt anno 1080. vel 1086. à S.
Brunone, Colonienfi, Rhemenfi Canonico exorti.

10  Ciftercienfes à S. Roberto Molifinenfi atque Ardino An-
    glo in Burgundia, cœperunt fub Urbano II. circa annum
    1090. aut 1098.

11  Clariffæ à S Clara S. Francifci cive, atque æmula circa
    annum 1210. aliquanto ante exortæ funt, variifque lo-
    cis, ac temporibus mitigatæ ac refor matæ.

12  Dominicani S. Dominicum auctorem habent, & Prædica-
    tores à præcipuo evangelizandi munere dicuntur, anno
    1509. ait *Beyerlinck* à S Dominico inchoatus eft, fed ab
    Honorio 3 approbatus anno 1261.

13  Francifcani feu Minores, eodem ferè tempore à S. Fran-
    cifco inftituti, atque ab eodem Honorio Pontifice appro-
    bati. Hi fecu dùm variam Regulæ S. Francifci explica-
    tionem & obfervantiam in diverfas claffes divifi funt.

14  Guilhelmytæ, pertinent ad Auguftinianos à Guilhelmo
    quodam Gallo, quem ordinem Joannes Bonus, aliique
    reformarunt anno 1161. vel 1256. Bellarm. ait eos ab In-
    nocentio V accepiffe ut Eremitæ S. Auguftini dicerentur.

15  Hierofolymitani fecundùm aliquos à S. Hieronymo no-
    men, & originem habent ; alij ad Rhedonem quendam
    circa annum 1405. referunt *Beyerlinck* dicit inftitutos cir-
    ca annum 1346. à Petro Ferdinando, in Hifpania, atque
    à Gerardo Daventrio, Aquenfi Canonico, in Belgio.

16  Præmonftratenfos Canonici auctore S. Norberto à loco in
    Galliis ante demonftrato fic dicti, cœperunt circa annum
    1120. *Beyerlinck*.

17  S. Spiritus Societas, à Gabriele de Spoleto, incepta circa
    annum 497.

18  Societatis Jefu Ordo Clericorum eft, ut patet in Concil.
    Trident. ac Bullis Pontificum. Hunc aufpicatus eft S. Ig-
    natius de Lojola, nobilis Cantaber circa a. 1517, Eam-
    que Paulus III. anno 1540. in fefto S. Cofmæ & Damiani
    confirmavit, ac reliqui deinde, qui fecuti funt Pontifices
    idem inftitutum approbarunt.

59 Urſulanæ ſub regula S. Auguſtini ad pietatem & bonos mores juventutem inſtituentes , quarum inſtitutum, agente
Franciſco Cardinale de Soudis , Archiepiſcopo Burdega-
lenſe, approbatum eſt à Paulo Papa V. 5. Februarij, anno
1618. & quoad partes Belgij ad inſtantiam Ferdinandi Ar-
chiepiſcopi Colonienſis confirmatum ab Urbano Papa oct,
originem ſuam referunt ad B. Anlam Brixianam, quæ Sodalitatem S. Urſulæ inſtituit, approbante Gregorio Papa
Decimotertio anno 1571. petente id S. Carolo Cardinale
Borromzo, Archiepiſcopo Mediolanenſe,

---

## Ordines Militares , ex Joanne Gualtherio Belga.

**1.** *Ioannitæ à S. Ioanne Baptiſta* Patrono ſuo appellati, exorti
ſunt circa annum 1099, ad defenſionem ſacrorum loco-
rum , Hieroſolymis , unde & Hieroſolymitani equites à
nonnullis dicti ſunt , & Rhodij , ſeu Rhodienſes ab Inſu-
la Rhodo , quàm anno ferè 1308. Turcis eripuerunt, ex
qua tamen ann. 1523. ejecti, atque in Inſulam Maris Adriatici Melitam ſeceſſerunt, à qua & Melitenſes nunc appellant ut : geſtant crucem candidam nigro pallio intertextam De his videri poteſt. *Hen. Pantaleon & Aub. Myræus.*

**2.** *Templarij* non multò poſt, circa annum ſcilicet 1128. Ge-
laſio II. Pontifice, exorti ſunt etiam Hieroſolymis, atque
juxta templum ibidem habitabant, unde & Templarij
dicti ſunt. Utebantur pallio albo , ac rubenti cruce. Eorum munus erat , ut Chriſtianos loca ſacra adeuntes, &
hoſpitio exciperent , & armati per terram ſanctam deducerent, ab injurijs, & vi latrocinantium infidelium defendentes. Hi accepta à S. Bernardo regula, cum diu in di-
ſciplina ſtetiſſent , & jam per totam Europam , ópibus
inclyti eſſent , ſubitò convicti impietatis , aliorumque
ſcelerum ( ut nonnulli ſcribunt) jeſu Clementis V. deleti ſunt, bonis eorum ad Joanni vel Teutonicos derivatis. Quanquam S. *Antonius, Naucletus,* & alij , injuriam

5

riam illis factam dicant, propter falsas accusationes malevolis ortas, ac propter bona, quæ varijs-locis possidebant.

§. *Theutonici* cœperunt ferè eodem tempore, quo Templarij desierunt, quorum etiam disciplinam imitabantur, cùm & peregrinos hospitio susciperent, & re postulante; arma contra hostes fidei, unà cum Rhodijs conjungerent. Dicti Theutonici, vel à primo eorum auctore Germano, vel quod soli Theutonici in eum ordinem admitterentur; ijque non omnes, sed tantùm qui parentibus indubitatæ nobilitatis orti essent; Utuntur pallio albo, intertextam crucem atram habente. Expugnata ab infidelibus Jerusalem, & Ptolomtade Syriæ (quò se receperant) amissa, in Germaniam transgressi sunt, in qua etiam Prussiam ad fidem converterunt. Licèt Albertus Brandenburgicus ab ordine deficiens, Polono se subjecerit. Eorum nunc sedes præcipua, ac magni Magistri habitatio ordinaria est Marienthemium in Franconia.

Plures alij Militares Ordines sunt in Hispania, ut S. Jacobi, Alcantaræ, Calatranæ, &c.

---

## Academia Germaniæ celebriora.

Non de Scholis nobis sermo est, quas cum ipsa fide apertas esse, aut sic ubi fuerant, in Christianam formam paulatim mutatas satis constat, sed de illis sapientiæ ac religionis sacrarijs ac veluti templis, quas Academias vocant. Eas inter plerique antiquitate excellere *Trevirensem* volunt, quippè quæ erecta sit anno salutis 355. ipso illo, qui restaurator dilapsæ jam apud Treviros religionis fuerat, Architecto ac Principe S. Agritio. Cæterùm justamne Academiam, suis omnibus, quales jam habemus, perfectam numeris, an, quòd potius crediderim, celebratiorem aliquam plerarumq; artium ludum authoritate Imperatorum aperuerit, in dubio relinquendum censeo. Certè quemadmodum constat tempore Gratiani Imp. studia *ibi* floruisse, ità extra controversiam est, Joannem à Petra Trevirorum Archiepiscopum anno 1473. Academiam illam aut revocasse, aut instituisse.

Tre-

Trevirenſi proxima, ſed longo tamen intervallo accedit *Viennenſi* Pannoniæ inferioris ; quam 1237. Fridericus II. Imp. ad *Pariſienſis Romanæque* ſimilitudinem inſtituit ; inſtauravit 1561. Albertus III. Dux Auſtrius, cui etiam Jurisprudentia debetur, & cujus docendæ facultatem ab Urbano VI. obtinuit Theologia. Eam Academiam ampliſſimis deinde immunitatibus adornarunt Carol. IV. Imp. & Pius II. P. M.

Anno 1346. *Hydelbergam* lyceo publico celebratiorem reddidit Rupertus II. Dux Bavarus : cujus Bibliothecam, illam tam celebrem, primus dedicavit Ottho Henricus Elector Palatinus.

Anno 1357. Carolus IV. Imper. *Pragenſe* Gymnaſium, quandam veluti litterarum virtutumque officinam inſtituit, id ſua authoritate ratum eſſe juſſit Pius II.

Anno 1361. *Cracovia* in Polonia natum eſt publicum Gymnaſium, authore ac parente Caſimiro, approbante Urbano IV. ultima manus acceſſit 1400. à Uladislao Jagellone Lithuaniæ Duce, qui omnium Doctores facultatum Pragâ huc evocavit, conſenſu Pontificum Bonifacij IX. Joannis XXII. Martini V.

Anno 1388. *Colonia* in Ubiis hactenus ſchola, nunc in publicam communemque Eruditorum omnium Univerſitatem evaſit, Urbanus VI. gemina Pariſienſibus Academijs jura concedente, ipſis Regalibus in capitulati ſummæ ædis domo, prima prælectio de illis Iſaiæ verbis diſputavit : *Surge & illuminare Ieruſalem* : primo Cancellarij Magiſtratu functus eſt Præpoſitus Colonienſis, Rectoris verò, Hettlinus de Marca.

Anno 1388. *Herbipoli* Joannes 2. Mogunt. Elect. tranſtulit ob frequentes civium cum diſciplinarum ſtudioſis contentiones *Erphordiam* ſtudiorum Univerſitatem; ſed Julius Francorum Dux anno 1582, Herbipoli Academiam novam ſuis legibus atque immunitatibus auctam inſtituit, Gregorio XIII. Pontifice Maximo approbante.

Anno 1408. Solennibus auſpiciis, ſumptibusque Friderici I. Saxonum Electoris, inchoatum eſt *Lypſienſe Gymnaſium*; Ingolſtadienſe verò biennio poſt, quod luculenti juris libertatisque particeps fecit *Pius II.* Ad preces Ludovici Bavari.

Anno 1415. extitit *Roftochienfis* in Ducatu Megapolitano ad mare Balthicum , ei fuam libertatem cùm Pontifex , cum Cæfar amplam impertivit.

Ex Agrippinate Schola quædam quafi Colonia deducta eft *Lovanienfis* Univerfitas , cui Joannes Dux Lovanienfium, obtinuit quidem jura fua , anno 1425. natalis tamen Academiæ incidit in anted. VI. Non Octobris anni fequentis Theologiæ perlegendæ , quam Martinus negarat , acceffio facta eft ab Eugenio V.

Quæ eft apud *Friburgenfes* in Brifgovia , Academia originem habuit anno 1450. ( aliorum opinio ponit 60. ) ab Alberto Auftriaco. *Gripsvvaldepfis* verò, anno 1456. à Vratislao Pomeraniæ Principe X. immunitates à Friderico III. Imperatore.

*Bafilea* jura docendi æqua Bononienfibus tulit 1450. natalem tamen egit anno proximè infequenti ·D. Ambrofij fefto die.

*Anno* ejufdem ætatis 77. ( eodem omninò , quo *Tubingenfem* comparavit , perfecitque Eberatdus Comes Wittenbergicus ) Dietherus ab Ifenburg Elector, quam *Moguntiæ Academiam* excitarat, cum ea Sixti V. Summum Imperium communicavit, leges libertatemque Academiis confuetam.

Hæc fæculo quinto decimo , nunc fextum & decimum , Univerfitates dedit , primam quidem , anno fæculari *Lavingenfem*, in fuperiore Palatinatu , fundatore Wolffgango Comite Bipontino annuente Ferdinando *Imper.* deinde anno fecundo *Wittenburgicam* , authoritate Triderici Saxonum Electoris , *Vratislaviensem* in Silefia anno quinto agente urbis Senatu confentiente cum Uratislao Ungarorum, ac Bohemorum rege, tum Julio 2. P.M. quanquam confirmationem ne impetrarent, rationibus evicere *Cracovienfes* , qui fuis luminibus offici nolebant.

Vratisiaviâ felicius fuit *Francofurtum* ad Viadrum , ubi anno fexto Principes ac Creatores Academiæ extiterunt : Joachimus 1. Brandenburg. Elect. & frater ejus Albertus , poftea Cardinalis immunitatum conceffore Alexandro 6. & Julio 2. Confirmatore Maximiliano 1. *Imper.*

*Marburgenfis* Academia in Haffia 1526. emanavit à Philippo Landgravio , confirmantibus Clemente Septimo , &

Carolo Quinto *Coppenhagenfis* nata eſt 1539. à Friderico Dano-
rum Rege. *Delingana* Bavariæ ſuperioris originem ſuam ac-
ceptam fert Othoni Truchleſio Cardinali Auguſtano , anno
1549. eam excepit 1562. *Duacenfis* in Belgis , authoritate fun-
dationeque Philippi Secundi Hiſpaniarum Regis : ut , & *Gracia*
in Styria , anno 1582, jura illius procurante apud Pontificem
atque Imperatorem , Carolo Archiduce Maximiliani II. Imperatoris fratre , ac Ferdinandi II. parente. Acceſſere denique
anno 1516. Padibornenſis in Weſtphalia , per Reverend. Theo-
dorum à Furſtenberg Epiſc. Molsheimenſis in Alſaria per Leopoldum Archiducem. Oſnabrugenſis per Franciſcum Wilhelmum Oſnabrugenſem Cardinalem reſtituta.

---

## Reges Francia ab anno Chriſti 417. dicti Merovingi.

1. Pharamundus 14. ann. 2. Clodio 18. ann. 3. Morovæus 10.
an. 4. Childericus 25. ann. 5. Clodoveus primus Chriſtianus 30.
ann. 6. Clodomirus 6. an. 7. Theodoricus 26. ann. 8. Theode-
bertus 13. ann. 9. Theobaldus 6. an. 10. Childebertus 44. an. 11.
Clotarius 50. an. 12. Cherebertus vel Aribertus 5. ann. 13. Sigebertus 13. an 14. Chilpericus 23. an. 15. Guntharanus 32. an. 16.
Childebertus II. 25. ann. 17. Clotarius II. cum Patruo ann. 30.
ſolus 14. ann. 20. Dagobertus 14. ann. 21. Sigebertus in Auſtraſ. 10. ann. 22. Clodoveus II. in Occid. 17. ann. 23. Clotarius III. 4. ann. 24. Childericus II. in Auſtraſ. 17. ann. 25. Theodoricus III. 19. ann. 26. Clodoveus III. 12. an. 27. Childebertus
III. 10 ann. 28. Dagobertus II. 5. ann. 29. Chilpericus II. ex
Clerico Rex. 5. & dim. ann. 30. Clotarius IV. aliquot menſ. 31.
Theodoricus IV. 13. ann. 32. Chilpericus III. dict. Stupidus, 9.
ann. in monaſterium detruſus.

*Alia linea Regum , qui dicti sunt Carolingi.*

31. Pipinus per Zachariam Pontif. & S. Bonifacium 17. an.
4. m. 25. d. 34. Carolomannus cum fratre Carolo M. 3. ann. 2.
m. 11. d. 35. Carolus M. 25. an. 4. m. 4. d. 36. Carolus 2. cum
Patre 32. an 37. Ludovicus Pius Imp. 26. an. 4. m. 24. d. 38. Carolus 3. Calvus Imp. 37. an. 5. m. 17. d. 39. Ludovicus 3. Balbus
Imp. 1. an. 6. m. 5. d. 40. Ludovicus 3. ann. 4. m. aliquot d. 41.
Carolomannus 2. cum fratre præced. 6. ann. 42. Ludovicus 4.
Nihilus dictus, quia statim mortuus est, 43. Carolus 4. Rex ,
sed Imp. III dictus Crassus , 3. ann. 44. Otho ex Saxonia Tutor seq. 10. ann. 45. Carolus V. Simplex , Posthumus contra
præced: 32. ann. 46. Rudolphus Burgundio capit Carolum , &
Carolo mortuo Reg. 2. ann. 47. Ludovicus V. 16. ann. 48. Lotharius 2. 33. an. 49. Ludovicus 6. 9. aun. 50. Carolus 6. aliquot
menses captus ante coronationem ab Hugone. *Deficit stirps
Caroli.*

---

*Alia linea Regum , qui dicti sunt Capitani.*

51. Hugo Capetes M. 13. ann. 52. Robertus 33. ann. 53. Henricus 29. an. 54. Philippus 16. an. 55. Ludovicus Septimus Crassus 30. an. 56. Philippus 2. cum Patre, 1. an. 6. m. 57. Ludovicus
Oct. 4. ann m. 1. d. 19. 58. Philippus 3. 42. ann. 59. Ludovicus
Nonus. Mitis. 3. ann. 60. S. Ludovicus ann. Christi 1226. a. 4.
m. 9. d. 19. 61. Philippus 4. 14. ann. 62. Philippus 5. Pulcher
14. ann. 63. Ludovicus xi. Hurrinus, a. 64. Joannes tantùm 20.
dies. 65. Philippus Sextus Longus, 4. ann. 66. Carolus Septim.
Pulcher 7. ann. 67. Philippus Sept. Valesius Philippi V. Nepos.
S. Ludovici pronepos , 22. ann. 68. Joannes Secund. Valesius
14. an. 69. Carolus Oct. dict. V. Sapiens 17. ann. 70. Carolus
Nonus dictus Sext. 42. an. 71. Carolus Decimus dict. Sept. 78.
ann. 72. Ludovicus XII. 23. ann. 73. Carolus Undecimus dictus
Octav. 14. ann. 74. Ludovicus XIII. dictus XII. 17. ann. 75.

Fran-

Franciscus Valesius an. Christi 1014. 33. an. 76. Henricus Secundus 15. an. 77. Franciscus Secundus, an. 78. Carolus Decimus dictus Nonus 14. an. 79. Henricus Tertius 10. an. 80. Henricus Quart. M. 21. annno 81. Ludovicus Decimus tertius 33. an. 81. Ludovicus 14. declaratus Rex anno 1643. Vivat.

---

## Duces & Archiduces Austriæ à Rudolpho I. Imperatore usque ad Leopoldum Imperatorem.

1. Rudolphus 1. natus 1218. electus 1273. mort. 1291. ex filia Comitis Hoheberg genuit Albertum primum.

2. Albertus 1. Cæsar factus 1298. mort. 1308. Austriæ Dux factus post devictum Othocarum. Ex filia ducis Carinthiæ genuit Albertum 2.

3. Albertus 2. dictus Sapiens, ex filia Comitis Ferreti genuit Leopoldum.

4. Leopoldus 1. ex filia Ducis Mediolanensis genuit Ernestum, &c. occisus est ab Helvetiis cum nobilibus 40. anno 1389.

5. Ernestus dictus Ferreus, ex filia Ducis Masoniæ genuit Fridericum.

6. Fridericus dictus Pacificus, Ernesti Fil. L'Archidux & Imperator an. 1450. coronatus. Ex Eleonora Regis Lusitaniæ filia genuit Maximilianum.

7. Maximilianus anno 1456. & Cæsar electus, ducta Maria Caroli Audacis filia, Burgundij & Belgij hæres effectus est, ex eaque suscepit Philippum.

8. Philippus ducta Regis Hispaniarum filia, genuit Carolum 5. & Ferdinandum 1. obiit ante patrem suum Maximilianum anno 1506.

9. Carolus V. Imp. natus 1500. electus 1519. coronatus Aquisgrani 1521. Romæ 1530. Franciscum Galliæ Regem cepit 1525. filiam Regis Lusitaniæ duxit anno 1528. ex qua natus est Philippus Secundus. Comitia habuit Augustæ anno 1510. Ubi con-

confeſſio Lutheranorum cuſa & oblata eſt. Ann. 31. Turçaſii ex Auſtria & Hungaria expulit. Poſt varia bella translato in fratrem imperio, atque in filium regno; pacificè & quietè mortuus eſt anno 1558. In ſeceſſu ad S. Juſtum in Hiſpania.

10. Ferdinandus I. Philippi I. filius Car. V. frater Imperator, ex Anna Ludovici Hungariæ Regis ſorore ſuſcepit Maximilianum, Ferdinandum, Carolum.

11. Maximilianus II. natus 1527. obiit 12. ann. imperij in comitiis. Filios habuit Rudolphum II. Erneſtum, Matthiam, Maximilianum, Albertum. Ferdinandus, Maximiliani frater genuit Andream Card. & Carolum Burgoviæ Marchionem. Carolus III. frater, in Styria degens, genuit Ferdinandum Secundum. Maximilianum, Leopoldum, ann. 1586. Carolum, & tres filias.

12. Rudolphus II. Imp. electus anno 1577. obiit ann. 1612. regn. 35. an.

13. Matthias Rudolphi II. Frater electus 1612. obiit 1619. reg. an. 6. m. 9. d. 3.

14. Ferdinandus II. electus 1619. obiit 1637. regnavit annis 27. menſibus 5. diebus 18. Liberos reliquit ex Maria Anna Bavara Ferdinandum III. Imperatorem, Leopoldum Wilhelmum Ord. Teutonici Magiſtrum, Mariam Annam Maximiliani Electoris Bavari conjugem, Cæciliam Renatam, Uladislao Poloniæ & Sueciæ regi nuptam.

15. Ferdinandus III. natus 1608. electus anno 1636. obiit 1656. reg. an. 19. m. 3. d. 15. ę

16. Ferdinandus IV. vivente adhuc Patre deſignatus Rex Romanorum, moritur.

17. Leopoldus electus anno 1658. 28. Jul. quem Deus Romano Imperio diu ſervet incolumem, & hoſtium facit triumphatorem.

## Duces Burgundiæ ac Germaniæ Inferioris.

1. Philippus Audax ex familia Regum Galliæ, Proncpos Caroli Primi Valesij, factus Dux Burgundiæ, ac Flandriæ Comes, obiit 1404.

2. Joannes Intrepidus ex Margaretha, Hollandiæ, Zelandiæque Comitis. F. suscepit Philippum, mort. anno 1419.

3. Philippus Bonus, sive Pius Gandavensis anno 1429. Ordinem equitum Aurei Velleris instituit.

4. Carolus Audax seu Pugnax, natus anno 1438. Leodium propter injurias in Episcopum evertit, Novesium anno integro obsedit, occisus est in Lotharingia anno 1477. ex filia Caroli Bothonij Ducis., suscepit filiam Mariam, unicam Burgundiæ ac Belgij hæredem.

5. Maria Caroli Audacis filia, anno 1478. nupsit Maximiliano Primo Austriaco Imperatori, ex eaque ortum habuit Philippus I. parens Caroli Ferdinandi Primi Imp. *De his vide plura apud Pontum Heuterum in Genealog. Burgund. atque in Historia Belgic.*

---

## Duces Bavariæ posteriores, ex Michaelis Aitzinger. Thesauro Principum.

1. Ludovicus ex filia Rudolphi Primi Imp. suscepit duos filios, Ludovicum & Rudolphum, prior accepit Ducatum, poster Palatinarium.

2. Ludovicus factus Imperator contra Fridericum Austrium.

3. Stephanus Ludovici Frater, ex filia Regis Siciliæ suscepit Joahnem.

4. Joannes Stephani Frater, ex filia Comitis Goricensis genuit Ernestum.

5. Ernestus Joannis Frater, ex filia Ducis Mediolanensis genuit Albertum.

6. Alber-

6. Albertus Primus cognomento Pius , ex filia Ducis Brun-
fvicenfis genuit Albertum.

7. Albertus Secundus dictus Sapiens , ex filia Friderici Primi
Imperatoris, genuit Wilhelmum.

8. Wilhelmi Primi , ex filia Marchionis Badenfis genuit Albertum.

9. Albertus Tertius natus anno 1528. ex filia Ferdinandi I.
Imperatoris, genuit Wilhelmum.

10. Wilhelmus Secundus , ex Renata Lotharinga genuit
Maximilianum, Philippum Card. Ferdinandum Electorem Co-
lonienfem & Albertum.

11. Maximilianus, poft bellum Bohemicum, Elector factus,
natus ann. 1573. mortua Elifabetha Lotharinga fine liberis, ex
Maria Anna Ferdinandi II. Imp. filia, habuit Ferdinandum Mariam & Maximilianum. *Idem Aitzinger fufiorem habet Genea-
logiam in 2. parte Thefauri : aliam item Albicius ; Heninges. Reuf-
nerus Laxius.*

12. Ferdinandus Maria S. R. I. Elector, Dapifer ,

---

## Duces Cliviæ , & Pofteriores.

1. Joannes I. Adolphi Comitis Cliviæ F. Dux factus eft in
Concilio Conftantienfi , à Sigifmundo Imp. ex filia Ducis Burgund. genuit 10, liberos.

2. Joannes II. ex filia Landgraviæ Haffiæ genuit Joannem ,
&c.

3. Joannes III. ex Maria, filia Ducis Juliacenfis genuit anno
1516. Wilhelmum.

4. Wilhelmus ex Maria Ferdinandi Imp. filia fufcepit 7. liberos.

1. Mariam natam ann. 1559. nuptam Pruffiæ Duci , à qua
defcendit Dux Brandenburgicus.

2. Annam natam ann. 1552. nuptam Principi Ludovico Neo-
burgico.

3. Magdalenam natam ann. 1553. elocatam Joanni Comiti
Bipontino.

4. Caro-

4. Carolum Fridericum natum 1553. mortuus est Romæ 4. Februarij ann. 1575.

5. Elisabetham natam 1556. quæ obiit 19. April. 1561.

6. Sibyllam natam 1557. elocatam Carolo Burgoviæ Marchioni.

7. Joannem Wilhelmum natum 1562. qui post mortem Caroli ex Episcopo Monasteriensi designato, Dux factus, accepit uxorem 1. Jacobam Badensem, 2. Antonettam Lottharingiæ ducis filiam, sed ex neutra accepit earum hæredem.

*Qui plura his similia desiderat, adire poterit Chronicon Joannis Gualteri Belga in 8.*